EL É ESTÁ EN LA COMPRA

Carlos García

© Todos los derechos reservados mayo 2021

Queda prohibida cualquier forma de reproducción de esta obra, o parte de ella, sin el consentimiento expreso de su autor, en cualquier medio gráfico, electrónico o mecánico, incluido fotocopia o grabación o cualquier otro sistema de recuperación y almacenaje de información.

ÍNDICE

PRÓLOGO..5

HISTORIA DE MERCADERES..9

NO SALGAS A LA CALLE TODAVÍA I..16

RATIOS DE ENDEUDAMIENTO Y % DE FINANCIACIÓN..........23

NO SALGAS A LA CALLE TODAVÍA II.......................................46

TIPOS DE INVERSIÓN..47

- o Alquiler tradicional...50
- o Alquiler por habitaciones.....................................53
- o Alquiler para empresas..56
- o Alquiler con opción a compra..............................59
- o Reforma – venta...65
- o Venta directa..69
- o Venta antes de escriturar (dar el pase)...............74
- o Rent TO Rent...79

ANÁLISIS DE MERCADO..82

DEJA ATRÁS LOS SENTIMIENTOS...87

AHORA SALIMOS A LA CALLE...90

APROVECHA TODOS LOS CARRILES..93

INSEGURIDAD-PRESION = ERROR EN LA INVERSIÓN.............100

CIERRE DE LA OPERACIÓN...102

PRÓLOGO

Después de muchos años trabajando e invirtiendo en el sector inmobiliario, creí que, si muestro mi forma de pensar, vivencias y experiencias estas podrían ser de ayuda para los demás.

Previo al confinamiento, en febrero del 2020, ingresé en varios grupos de WhatsApp y poco a poco advertí que muchos de los consejos que se aportaban les eran de gran ayuda a muchos que arrancaban en este sector tanto como profesionales como por el lado de las inversiones.

Esto me llevo a querer contribuir aportando mi experiencia y consejos bajo mi punto de vista. Según iba pasando el tiempo, cada vez eran más las personas que me agradecían mis palabras y charlas que ofrecía gratuitamente.

Nunca di valor a mi conocimiento o forma de ver el sector, me consideraba un lobo solitario, iba haciendo poco a poco mis cosas, en ocasiones colaboraba con otros profesionales para operaciones puntuales, algunas con éxito y otras con fracasos y engaños, aunque lo segundo es lo que más me enseñaba... "El fracaso es, a veces, más fructífero que el éxito" (Henry Ford).

Durante todo este tiempo estuve hablando y compartiendo con mucha gente, y para mí esta experiencia fue más que un máster, "aprendí lo que no está en los escritos".

Un día me propusieron: "Carlos, ¿por qué no escribes un libro?". Después de varios "NO", poco a poco, cuando tenía tiempo, abría el portátil y me ponía a escribir. Rápidamente detecté que me gustaba, y mientras escribía pensaba que, si con esto podía ayudar a alguien, estaría feliz como una perdiz.

Me fui acordando de vivencias de gente conocida, de sus errores y de sus éxitos, de los míos por supuesto, así como de las cosas que de vez en cuando me ha contado mi madre (considero que de nuestros mayores tenemos mucho que aprender), escuchando sus consejos, aunque ella piense a veces que no lo hago (bueno..., esto me lo dice mucha gente, y no es cierto, escucho, y después analizo y de ahí siempre extraigo buenas lecciones, es de ahí donde aprendo cada día).

Es sorprendente ver la evolución de la gente cuando echo la vista atrás y me doy cuenta cómo algunos han pivotado su modelo de negocio, gente que solo pensaba en el alquiler, y ahora les veo haciendo lo que más me gusta, que es comprar y vender... Además de que hubo muchas personas de las que aprendí cuando me contaban sus modelos de negocio o cómo veían el sector, etc. ¡Ha sido un tiempo maravilloso!

Mi objetivo con este libro es ayudar, prevenir de errores que he cometido o que he visto en terceras personas, poniendo toda mi fuerza, ilusión y corazón en ello.

Por último, quiero agradecer a todas las personas que me han ayudado a levantarme cuando en alguna ocasión me tropecé; me daban su mano y me ayudaban a continuar.

Desde Barcelona hasta Valencia, pasando por Málaga o Galicia, País Vasco, Madrid y muchas comunidades y por muchos de los rincones de este país.

Espero y deseo que os guste, os aporte y os haga reflexionar. Besos y abrazos.

Soy Carlos García.

HISTORIA DE MERCADERES

WIKIPEDIA *"Un mercader es una persona que trata o comercia con géneros vendibles, es decir, mercaderías o mercancías. Se le agrega diferentes calificativos en función de la mercancía con la que trabaja: mercader de hierro, mercader de telas, mercader de finanzas, etc. Es un término prácticamente en desuso que ha sido sustituido por comerciante o distribuidor".*

El secreto del éxito de los mercaderes no era otro que tener un buen producto y a un buen precio, y si conseguían esa relación el éxito estaba garantizado. Para ello, buscaban y buscaban donde fuera para encontrar el mejor precio, y cuando lo conseguían, sabían que tendrían un buen resultado y que venderían sus productos con muy buena ganancia (consiguiendo así un margen de seguridad importante), y de esa forma volvían nuevamente a comprar.

Una vez que habían conseguido ese producto, la gente o bien se lo compraba o lo intercambiaba por otros productos e incluso sus propios compradores, llegaban a hacer de intermediarios revendiendo esos productos a otras personas si conseguían margen suficiente para ello (lo que hoy llamamos inversores).

Esta reflexión la hago para hacer ver que el éxito en las inversiones está siempre en el precio de compra, con independencia de lo que hagamos luego, vender o alquilar.

Cuando hemos conseguido esa compra con un amplio margen de seguridad, podemos estar tranquilos pues el éxito está garantizado, al menos si es a corto plazo; es decir, vender tal cual.

Si ese inmueble lo dedicamos al alquiler, mantendremos ese margen de seguridad durante un tiempo y mientras dure el alquiler iremos teniendo ingresos pasivos todos los meses. Lo que no sabremos es cuál será su precio si años después queremos venderlo… En ese escenario, aunque baje el valor del inmueble hasta un 30 % al obtener los ingresos por alquiler habremos obtenido una interesante rentabilidad, principalmente porque la compra ya se hizo con un 30 % de descuento y aun así su valor pasado ese tiempo será el de mercado.

En cambio, si hubiésemos comprado a precio de mercado, al cabo de los 5 años, no habríamos obtenido ningún beneficio, todo lo contrario, mantener un dinero estancado durante ese tiempo, con las subidas del IPC más el desgaste del alquiler y el riesgo que supone (impago, derramas, ocupación, destrozos) nos hubiese supuesto una pérdida.

Hay inversores que solo ven la rentabilidad que obtendrán en el momento de la compra, "he encontrado una vivienda por 120.000 € que tiene 4 habitaciones, podría alquilar cada habitación a 300 - 350 € c/u, eso me daría a ganar 1200 - 1400 € al mes, un 10 - 12 % de rentabilidad". Y ahí se queda en algunos casos ese pensamiento y no ven realmente si están comprando a precio de mercado o a muy buen precio.

Quizás hubiese sido más seguro y al final más rentable un piso de 60.000 € de dos habitaciones (cuyo precio de mercado hubiese sido 75.000 €) con un alquiler tradicional de 600 €, siendo este tipo de alquiler mucho más estable que alquilar 4 habitaciones con la posibilidad de rotación, y más aún cuando no tienes experiencia.

Quizás el precio de mercado de ese piso de 4 habitaciones fuese de 100.000 – 120.000 €, quizás a la larga tendría problemas con el precio de mercado, además de que esa rentabilidad estimada del alquiler se viera mermada y solo consiguiera 200 - 250 por habitación… con el trabajo que le pudo suponer.

Por ello, sin pensar qué haremos con ese piso que encontremos, mi consejo, en las búsquedas, fijémonos en primer lugar en el precio.

Volviendo a los mercaderes, aquel que compraba los cochinos para hacer jamones, chorizos, etc…, no pensaba solo en lo grande que era el cochino que compraba pensando en la cantidad de carne que iba a hacer, sino que se fijaba en su coste y quizás prefería comprar dos cochinos más pequeños cuyo precio estaba más ajustado a su precio de mercado y tendría el éxito garantizado.

Si trasladamos el negocio de la vivienda al negocio de una tienda de móviles, podemos encontrar ese mismo símil. Es decir, si tenemos una tienda de móviles y encontramos varios terminales 5G, de una marca desconocida, nueva, con su garantía cuyo precio después de impuestos, portes, etc., para 100 unidades nos sale a 55 € cada uno y sabemos que no existen móviles nuevos de ninguna marca por menos de 120 € … ya sabemos antes de comprar que el negocio tiene muy pocas posibilidades de error. Con venderlo a 90 € c/u, con muy poquita publicidad, los venderemos como churros… ¿Por qué habremos triunfado?, ¿por la venta?, ¿por la publicidad?¿?¿?¿?… Está claro, el éxito estuvo en la compra.

Este símil lo podemos aplicar a muchos negocios, donde su éxito está en conseguir cerrar ese precio por debajo de mercado que te permita tener un amplio margen de seguridad, conociendo bien el precio de mercado y siguiendo una buena estrategia en la negociación (más adelante, explicaré cómo intento tener el mejor acuerdo en la negociación).

Mi hermano Luis, desde su pequeña tienda de alimentación, ¿qué hacía? Buscar y buscar precios en la leche, la fruta, etc… lo más ajustados posibles. A veces me decía: "He comprado unas patatas buenísimas a 30 céntimos el kg…", las vendía como churros a 80 céntimos, por ejemplo… ¿Dónde conseguía el beneficio? Como siempre, ¡en la compra!

Este análisis lo podemos hacer con muchos negocios… Mi familia tenía una carnicería, y además de ello, eran ganaderos y muy buenos comerciantes. Compraban ganado, lo vendían y también lo preparaban para hacer carne y venderla en la carnicería. Un familiar mío subía a comprar jamones a Gerona y Lérida y luego los vendía en Guadalajara, su éxito radicaba en la compra, en encontrar ese buen producto y a ese buen precio para luego venderlo, pero, sobre todo, ¡en el precio de compra!

Posiblemente, ese inversor que quiere el piso de 4 habitaciones se haya saltado uno de los pasos imprescindibles antes de salir a la calle, analizar el precio de mercado.

¿Os imagináis que vamos nosotros a negociar la compra de unos cochinos sin saber su precio de mercado, a pesar de tener una carnicería? ¡Nos la colarían!

Fijaos, hoy 08/01/2021, encontré una vivienda de repente a la venta por 60.000 €, un 2º sin ascensor, dos habitaciones, reformado y amueblado, y pensé… "Upsss, está muy bien de precio", su precio de mercado puede ser 75.000 €, rápidamente llamé y quedé en ir a verlo, dos horas antes de mi visita se reservó en 57.500 €.

¡Aunque creo que ese comprador pudo cerrarlo aún más bajo!

Yo iba con la cabeza de depositar encima de la mesa una oferta entre los 50.000 – 55.000 €. No obstante, el comprador cerró a muy buen precio…

Sus números iban por aquí: 57.000 + 4.000 de gastos = 61.000. De los 75.000 € de precio de mercado, compró un 23 % por debajo aproximadamente.

Una vez que hubiese comprado este piso, luego, ¿qué podría haber hecho con él?

1- Venta directa. Beneficio neto aproximado 11.000 €.

2- Alquiler tradicional de 600 €, rentabilidad neta del 10 %.

Por ello, como veis, **el éxito está en la compra**. Yo no miro antes de comprar qué haré con él, ya que sé que, realizando una buena compra, se abren diferentes posibilidades donde es prácticamente imposible perder. Se podrá ganar más o menos, ¡¡¡¡¡pero el beneficio está asegurado!!!!!

Este capítulo lo dedico a mis abuelos maternos Arsenia e Ignacio, y en especial a mi madre Aguedita. Mis abuelos con su buen hacer con el ganado y la carnicería consiguieron, a pesar de muchas dificultades por el camino, de la nada muchas tierras y algunas viviendas en mi pueblo Tendilla (Guadalajara).

NO SALGAS A LA CALLE TODAVÍA

He pensado introducir este capítulo por la cantidad de gente que veo día a día cometiendo siempre los mismos errores. Más de lo que querría, oigo decir: "Vamos a ver hoy este piso", como si nada, como si no fuera importante... Hay otros que de un día para otro quieren invertir y salen a la calle a visitar las inmobiliarias o entran en internet a ver qué hay, llaman a dos anuncios y van a verlos.

Antes de esas visitas no han pensado mucho en sus cuentas, no han ido al banco, si es que necesitan financiación, y no tienen ninguna planificación financiera... Otros piensan que por haber mirado un día durante media hora en internet ya saben cuál es el precio de mercado de la zona donde quieren comprar.

¿Irías a una tienda a comprar sin saber si llevas el dinero suficiente? Entonces, ¿por qué en una inversión de muchos ceros no te aseguras primero de tus números?

Es algo que quiero contar, desde la experiencia de ver situaciones que me he encontrado, para evitar con ello esos errores que día a día veo en la calle y que son mucho más habituales de lo que os imagináis.

Las inversiones deben seguir un orden lógico y en caso contrario tienes un alto porcentaje de error, es muy posible que pronto te des cuenta o que a la larga digas "tenía que haber hecho esto" o "¿cómo no me di cuenta de esto otro?".

Yo he cometido muchos errores, y hoy, aún con experiencia, de vez en cuando me sigue ocurriendo, ya que en muchas ocasiones nos dejamos llevar por impulsos y es por lo que las personas tropezamos varias veces con la misma piedra.

Lo que intentaré en este libro, es que cometas los menos errores posibles y saques lo máximo a tu inversión.

En muchos aspectos las equivocaciones en la vida nos pasan factura y en las inversiones, como no podía ser menos, de igual manera.

Te voy a contar lo que te puede pasar:

- Comprar por encima de mercado
- Posible pérdida de arras
- Peores condiciones de financiación
- Dejarte llevar por lo primero que ves
- La inmobiliaria te llevará hacia su terreno
- Pérdida de tiempo

En resumen, salir a la calle a mirar sin hacer los números antes, sin hacer un estudio del precio de mercado, al encontrar un piso bonito puede que pienses "fíjate, qué bien está, qué luz, qué distribución...", y dependiendo de si vas con una inmobiliaria o con un particular, te suceda esto:

- **Inmobiliaria.** Te llevará a su terreno, no tendrás fuerza para negociar pues no tienes todavía nada claro, te va a intentar convencer para que plantees una oferta y tendrás en la cabeza la ilusión del piso tan bonito que has visto. Habrás tenido en cuenta solo un par de cuestiones de números totalmente insuficientes, no te ha dado tiempo a ver más pisos, ni mirar el precio de mercado, te venderán como que es el mejor, una excelente rentabilidad, te dirán: "fíjate, hay otro, pero mucho más caro y está para reformar", "y este otro en vez de ser un segundo es un cuarto", o… "este piso lo alquilarías por 800 €". También te pondrán ejemplos de pisos que se han vendido, pero solo te contarán aquellos que a ellos les interese… Si están vendiéndote un piso por 80.000 €, no te van a decir "este mes hemos vendido dos por 60.000 €", si te dijeran eso, tú dirías "bueno, pues me espero a encontrar ese piso por 60.000 €". El anzuelo está echado y al no haber seguido los pasos correctos, te dirán "tenemos varias visitas", "lo acabamos de bajar", con lo cual pensarás, "pues fíjate qué buena compra", podrás decir "bueno, iré mañana al banco (donde tienes tu cuenta)". Ellos te dirán "sí, pero si no dejas una señal o haces una oferta, tenemos que seguir enseñándolo", algo totalmente normal. La inmobiliaria que vas a visitar no tiene todos los productos, tiene los suyos, los que ha captado y como es lógico su misión es evidentemente venderlos como cualquiera haríamos, ¿o no?

o **Particular.** Si el piso que has visitado es de un particular, no tendrás fuerza de negociación con él... En cambio, si ve seguridad en ti, con una apuesta firme y con unos plazos fijados, podrá evaluar la oferta en base a que la operación está clara, y que en xx días, tendrá el dinero total de su venta, y podrá aplicar el dicho de "más vale pájaro en mano que ciento volando".

Pero no es tu caso, le has dicho que te gusta el piso, que si puede hacerte una rebaja, pero que luego tienes que ir al banco (corre que te corre) para mirar si te conceden la hipoteca (no tienes todavía ni tu vida laboral, ni tus contratos ni tus nóminas a mano), con lo cual, en la negociación, ten por seguro que en la negociación has perdido toda la fuerza y si te atreves a dar el salto de señalizarlo puedes perder el dinero, como es normal. Si te pones del otro lado, como vendedor, y te viene una persona como vos, te da una señal y te paraliza el piso 15 días o un mes y te dijera luego "fíjate, no me han dado la hipoteca..." y pensarías "¿será verdad?, ¿será porque ha encontrado otro mejor?". Desde luego que no te haría ninguna gracia y en ti estaría la decisión de devolver el dinero o no.

Hay personas que dicen: "bueno, pongo una cláusula en la que si no me conceden la hipoteca me devuelvan el dinero". Eso para el propietario es como el dicho de "quien tiene un tío en Alcalá, ni tiene tío ni tiene *ná*". Vamos, que si acepta el propietario, fenomenal... pero si os ponéis del otro lado, ¿paralizaríais la venta ante una persona que no sabes si le van a conceder la hipoteca?

Es posible que paralices la venta de tu piso, si el precio de mercado es de 100.000 €y lo estás vendiendo por 120.000 €, dices, "bueno, me espero a ver si hay suerte y se la conceden, al fin y al cabo al precio que estoy vendiéndola, no tengo visitas", ahora bien, si estás vendiéndolo en 100.000 € y todos los días tienes visitas, dudo mucho que te acepten esa cláusula, y más si estás negociando el precio...

Cuando hablo de las prisas una de las consecuencias es conseguir peores condiciones de financiación, porque has ido a ver ese piso que te gusta, incluso quizás lo hayas señalizado, y entonces tienes que ir a la carrera a por la financiación. No te dará tiempo a comparar qué entidad te da las mejores condiciones e irás directamente a tu banco, donde tienes tus ahorros, y nada más...

¿Qué sucede entonces?, que esa inversión se verá mermada por tener que pagar más intereses, comisiones, etc... Esto te sucederá porque ves peligro de que se te pase el plazo del arras o bien, para tener una respuesta rápida y poder señalizarlo... Además, lo que puede ocurrirte es que se te olvide exponer toda tu situación al director del banco, porque vas a la carrera y no lo tienes bien atado, finalmente no te la concedan, y decepción y la posible pérdida del arras.

¿Cuánto tardas en ahorrar 20.000 €? Date un tiempo, tómate la inversión con calma, sin prisas, hazme caso, de verdad, siguiendo un orden y actuando con inteligencia, conseguirás comprar en vez de por 120.000 € (cuando el precio de mercado son 100.000 €), por 80.000 €.

En las inversiones, lo que te tiene que enamorar no es el piso, sino sus números. Si te saltas varios pasos, te olvidarás de los números y solo te fijarás en cuatro detalles que hacen bonito ese piso...

El otro día me dijo una amiga: "Carlos, a mí me gustan los pisos feos, son los que no quiere nadie, los consigo baratos y para bonitos no te preocupes que ya los pongo yo con tres tontunas".

Hace unos meses conocí una mujer en Madrid y me comentó qué inversión había hecho, compró un piso por 150.000 €, cuando yo compré otro parecido dos meses después que ella en 60.000 €, lo compró por recomendación de un supuesto experto, conocido, vendehúmos, que se dedica a vender cursos y de paso aprovecha para engañar a la gente...

Hoy este individuo de tropa, como muchos otros que he conocido, siguen teniendo mucha gente que contrata sus formaciones, porque son muy buenos oradores, *youtubers* y emplean populismos para engañar, encandilar, lo cual me pone muy furioso.

Sé muy bien lo que cuesta ganar el dinero, nadie me ha regalado nada, y ver cómo unos se aprovechan de la ilusión de terceros, es decepcionante y más aún para personas que vemos el sector de la inversión inmobiliaria y ayudar al resto como una pasión. En definitiva, lo que quiero hacerte ver es que en la vida las prisas son malas... y en las inversiones son un error claro y a veces se paga muy caro.

Con lo cual....

NO SALGAS A LA CALLE TODAVÍA

RATIOS DE ENDEUDAMIENTO Y % DE FINANCIACIÓN

Este apartado lo considero el más importante y a tener en cuenta de cara a cualquier inversión. Lo primero que debemos hacer es mirar nuestras cuentas y si queremos financiarnos, no dejarnos llevar nunca por las emociones que nos despierta la vivienda que hemos visto, así como tampoco hacernos grandes expectativas alejadas de la realidad. Hay que actuar en frío, con cautela y siempre calculando el peor de los escenarios.

Debido a los años que llevo en el sector, viví el estallido de la burbuja inmobiliaria, y previa a ella, presencié con mis propios ojos barbaridades por parte de clientes, inmobiliarias, financieras y entidades bancarias.

Intentaré mostrarte cuáles fueron algunos de los errores que muchos cometieron y les llevaron a la ruina. También, quiero hacerte ver, que no tienes que tener miedo en las inversiones inmobiliarias, siempre que sigáis unos sencillos pasos, para poder estar tranquil@s y dormir estupendamente. A pesar de que toda inversión tiene su riesgo, siguiendo una serie de pautas, prácticamente se anula a un 99 %, con lo cual, tranquilos, invertid en este maravilloso sector, os lo recomiendo, pero con cabeza, tranquilidad y manteniendo siempre vuestro margen de seguridad.

Algo que me di cuenta cuando ya llevaba unos años en el sector, es de cómo lo hacían nuestros padres, seguían unos patrones esenciales, que cualquier persona que los lea, diría: "está claro" y son:

- No gastar más de lo que uno ingresa.
- Ahorrar para poder comprar.
- Quedarse siempre con algo en la despensa.

¿Estáis de acuerdo?

A partir del año 2000, el precio de la vivienda empezó año a año a subir de forma cada vez más pronunciada y por ese motivo empezaron por ello a resurgir cada vez más inmobiliarias. Las demandas de compra fueron creciendo y creciendo, y parecía que quien no compraba se quedaba atrás, no se enteraba y el que compraba era un campeón, ¡comprara al precio que comprara!... y ese fue el error.

Uno de los puntos básicos que te comentaba antes respecto de nuestros padres era ahorrar antes de comprar y parece que o no nos lo habían enseñado, o se nos había olvidado. Y, por otro lado, veíamos amigos, familiares, cómo conseguían de una forma muy sencilla una hipoteca, consiguiendo sin mayor esfuerzo su vivienda deseada, y como si de un premio se tratase, algunos salían con un coche nuevo de regalo (yo he visto hipotecas con coches de 40.000 €).

Cuando te acercabas a ver un piso, las inmobiliarias te decían: "no te preocupes, te conseguimos el 100 % de la compra, más los gastos, e incluso para la reforma, no pasa nada si no tienes nada ahorrado". No era difícil conseguirlo, la mayoría de las entidades bancarias te recibían con los brazos abiertos para concederte una hipoteca… A pesar de tener unos ingresos de 1.000 € con un contrato por obra y tener 500 € ahorrados te daban 150.000 €… Si te quedabas corto, el director en ocasiones te decía "seguro que te pueden hacer un papelito como que ganas otros 600 € más aparte". Pero claro, luego había que tasar, aunque por ahí no había problema tampoco, de un piso que podía valer 120.000 € ya hablaba el director con un amigo tasador o el de la inmobiliaria para que lo viera con mejores ojos y de repente pasara a valer 200.000 €.

Era muy sencillo conseguir esa hipoteca y se montaban todas las artimañas entre financiera, cliente y entidad bancaria, de forma, que el 99 % de los clientes que querían comprar una vivienda, conseguían su hipoteca.

¿Os dais cuenta de la barbaridad?

Es como ir a un supermercado a comprar, y engañarte diciéndote que tienes 100 € en el bolsillo cuando realmente tienes 10 € … ¡¡¡¡¡o comprar una televisión por 600 € cuando alguien te dice que vale 400 €!!!!!

Y para colmo ¿luego cómo lo arreglaban muchas veces? Con unas bonitas tarjetas de crédito (¡¡¡¡¡interminables de pagar!!!!!) y un par de préstamos personales.

El comprador, con todo esto, al final tenía su casa en propiedad y empezaba a pagar, ajustado, porque había muchos gastos que ni el banco ni la inmobiliaria le habían contado, pero iba pagando... Estaban muchos de ellos en la cuerda floja y con cualquier ráfaga de viento, estaba claro que iban al suelo...

En una ocasión, sobre el año 2007, estaba tomando un café con un cliente y este me preguntó: "Carlos, ¿¿tú piensas que la vivienda puede bajar??". Yo me quedé un rato parado y pensando, me empecé a acordar de todas las barbaridades que había vivido y que veía día tras día y recuerdo perfectamente que le dije: "No sé lo que ocurrirá, pero si el precio de la vivienda baja, será porque subirá el paro, muchos propietarios no podrán pagar, los bancos se irían a la ruina, y la bola sería enorme". Por desgracia, así fue, y todo explotó... Salieron a la luz los agujeros que tenían muchas familias, los agujeros que tenían los bancos en sus valoraciones y fue una ruina que llevamos ya cerca de 15 años padeciendo.

Por todo esto que os he contado, quiero haceros ver lo importante que es mirar tus cuentas antes de invertir, y tener presente estos dos factores que vamos a ver ahora:

- Ratio de endeudamiento

- % de tasación

RATIO DE ENDEUDAMIENTO

Las entidades bancarias permiten un ratio de endeudamiento entre el 30 - 40 %, muchas familias superaban en aquellos años el 60 % sumando a la hipoteca préstamos personales, tarjetas de crédito, etc.

¿Qué es y cómo calcular el ratio de endeudamiento?

El ratio de endeudamiento en una definición sencilla es el porcentaje que se destina del total de los ingresos a las financiaciones.

Pongamos varios ejemplos para ver cómo lo vamos a calcular:

- Marcos García →
    - Ingresos netos mensuales → 1.200 * 14 pagas = 16.800 € al año
    - Préstamo de coche → 250 al mes * 12 meses = 3.000 € al año
    - Hipoteca → 400 al mes * 12 meses = 4.800 €

$$\text{Ratio de endeudamiento} = \frac{3.000 + 4.800}{16.800} * 100$$

El ratio de endeudamiento es del 46,42 %.

Si analizamos la situación de esta persona, vemos que tiene un ratio muy elevado, si cayera en paro posiblemente pasase de ganar 1.200 € * 14 pagas a... 800 € * 12 pagas... y estas serían sus cuentas:

$$\text{Ratio de endeudamiento} = \frac{3.000 + 4.800}{800 * 12} * 100$$

Su ratio de endeudamiento subiría al 81,25 %, con lo cual no podría pagar el piso salvo que vendiese el coche o encontrase otro trabajo...

Quizás Marcos, cuando adquirió la vivienda, en vez de comprarla por 100.000 € que le suponía una hipoteca de 400 € al mes, debió haber encontrado una por 60.000 €, cuya hipoteca hubiese sido de 220 € al mes... Veamos entonces cuáles serían sus cuentas en paro y trabajando:

$$\text{Ratio de endeudamiento} = \frac{3.000 + 2.400}{16.800} * 100$$

El ratio de endeudamiento es del 33 % manteniendo su trabajo.

$$\text{Ratio de endeudamiento} = \frac{3.000 + 2.400}{9.600} * 100$$

El ratio de endeudamiento es del 58 % habiendo perdido el trabajo. Evidentemente, un ratio de endeudamiento superior al 40 % puede ser peligroso, pero espero que Marcos reaccione pronto... En breve empezará a notar que le cuesta llegar a fin de mes.

No obstante, tampoco es lo mismo ese ratio de endeudamiento en una persona sola, que en una familia con dos hijos, pues no estamos calculando ni los gastos del cole de los pequeños, ni siquiera que los gastos de la casa son los mismos.

- Edurne y Alejandro con dos hijos →
    - Ingresos netos entre los dos mensuales → 2.600 * 14 pagas = 36.400 € al año
    - Préstamos de coches → 500 al mes * 12 meses = 6.000 € al año
    - 2 tarjetas de crédito. Deuda de 2.500 € → pago aplazado, al mes 150 €

Viven de alquiler y quieren comprarse una casa. Han visto dos opciones, un piso en el centro de Gerona por 150.000 € con el que se les quedaría una hipoteca a 30 años de 700 € y un chalet a las afueras de la ciudad por 220.000 € cuya hipoteca sería de 900 €...

Veamos su ratio de endeudamiento:

1) PISO

$$\text{Ratio de endeudamiento} = \frac{6.000 + 8.400 + 1.800}{36.400} * 100$$

El ratio de endeudamiento es del 44,50 %.

2) CHALET

$$\text{Ratio de endeudamiento} = \frac{6.000 + 10.800 + 1.800}{36.400} * 100$$

El ratio de endeudamiento es del 51,09 %.

Como se puede ver, ambos ratios de endeudamiento son muy altos, porque si nos pusiéramos en una situación de desempleo de uno de los cónyuges antes de pagar los préstamos de los coches, el ratio subiría considerablemente y tendrían dificultades económicas, y más, teniendo esta familia dos hijos en edad escolar. Si consiguen liquidar "ya" las tarjetas y dejarlas en el cajón de la mesilla, su ratio bajaría en el caso del piso en menos del 40 %.

Desde luego que la compra de la torre (chalet), a pesar de que les vendiesen la "moto", que posiblemente lo harían muchos, es inviable hasta que paguen los préstamos o bien reunifiquen las deudas en una sola (vivienda + préstamos + tarjeta) pero ¡¡¡¡¡ojo!!!!!, que lo que no te cuenta nadie, es que los intereses a lo largo de la hipoteca serán mayores, y ese coche ¡te puede hasta casi costar el doble!

- María, soltera, tiene un piso en propiedad y quiere comprar un piso para alquiler:

    o Ingresos netos mensuales → 1.400 * 14 pagas = 19.600 € al año

    o Préstamo coche → 200 al mes * 12 meses → 2.400 € al año

    o Hipoteca actual → 500 al mes * 12 meses = 6.000 € al año

    o Hipoteca futura → 400 al mes * 12 meses = 4.800 €

    o Precio mercado alquiler → 650 al mes * 12 meses → 7.800 € al año

$$\text{Ratio de endeudamiento} = \frac{6.000 + 2.400 + 4.800}{19.500 + 7.800} * 100$$

El ratio de endeudamiento es del 48,17 %.

Si observamos las cuentas que ha hecho María, son muy arriesgadas porque su ratio de endeudamiento antes de la inversión ya era muy alto, y ha estimado el precio del alquiler a una situación de mercado y ha pensado "fíjate, voy a ganar dinero todos los meses, ¡¡¡¡¡mi piso se va a pagar solo!!!!!".

Ajustando el cálculo desde una perspectiva conservadora debería calcular 550 € mensuales, por dos motivos: la fluctuación que también se encuentra en el mercado del alquiler y los gastos anuales que una vivienda tiene más los imprevistos:

- Ingresos anuales → 550 * 12 → 6.600
- Gastos anuales → 1.000
- Reparaciones → 550 (una mensualidad)
- Beneficio antes de impuestos : 6.600 – 1.000 – 550 → 5.050 €

Ahora calculemos de nuevo su ratio:

$$\text{Ratio de endeudamiento} = \frac{6.000 + 2.400 + 4.800}{19.500 + 5.050} * 100$$

El ratio de endeudamiento sale un 53,54 %, muy alto... Mi consejo para María sería que pagara el coche y cuando lo haga realice números, e incluso si puede, que compre en una zona más barata para invertir. Se está acercando a un ratio peligroso.

Los bancos permiten aproximadamente un ratio de endeudamiento entre un 30 – 40 % en base al tipo de trabajo, situación personal y familiar. Mi consejo, es que si un banco, después de su estudio te permite un 40 % de ratio, no permitas después de hacer tus cuentas que supere el 30 – 35 % y si te permite un ratio de un 35 %, no vayas más allá de un 25 – 30 %.

De esta forma, siempre tendrás tu propio margen de seguridad para hacer frente a las diversas causas que se te puedan dar una vez te hayan concedido la hipoteca. Como son:

- o Situación de paro: menos ingresos y por tanto mayor ratio.

- o Necesidad de coche: te has quedado sin coche y tienes que comprar uno, mayores gastos, mayor ratio.

- o Préstamo personal - tarjetas de crédito: no puedes comprar unos electrodomésticos, algo de la casa, etc., y los financias... Aumento de ratio.

En ocasiones, el banco y/o departamento de riesgos no tiene en cuenta estas variables, que no se te escapen a ti. Haz tú los cálculos, fija tu propio margen de seguridad, coge boli y papel e imagina todos los escenarios. Piensa que la inmobiliaria, te dirá cuánto sacarás de renta por el alquiler y el banco te animará a la hipoteca, pero el que tiene la obligación de pagar ante cualquier escenario... ¡eres tú!

% DE FINANCIACION

Cuando solicitamos una financiación, una de las cuestiones a tener en cuenta es el porcentaje de financiación en base al valor de compra.

Cuando un cliente solicita una financiación para la compra de un inmueble, las entidades bancarias otorgan financiación respecto a un porcentaje del valor de la vivienda mediante una tasación-valoración o bien un porcentaje del valor de compra.

El capital que el comprador debe tener a disposición para hacer frente a la compra será el resultado de aplicar por ejemplo desde el 80 % del valor del inmueble hasta el total del mismo, más los gastos que originan elevarlo a público más impuestos, registro, etc.

Ejemplo:

1) Enrique quiere comprar una vivienda por 100.000 € en Madrid y el banco le da el 80 % del menor valor entre el de la compra de la vivienda o el 80 % de tasación.

    La tasación del inmueble se fija en 120.000 €.

    El banco con este importe, decide dar el 80 % del valor de compra.

    80 % de los 100.000 € → 80.000 €.

Enrique debe tener ahorrado en base a lo que le falta desde los 80.000 € hasta los 100.000 € más los gastos de notaría, registro, ITP, c. apertura...

Gastos:

- ITP. 6 % sobre los 100.000 € → 6.000 €
- Notaría. 600 € aproximadamente
- Registro. 300 € aproximadamente
- Gestoría. 600 € aproximadamente
- C. apertura. 0,5 % sobre los 80.000 € → 400 €

Total gastos → 7.900 €

Provisión de fondos: 100.000 € compra

+7.900 € gastos

_____

107.900 €

- 80.000 € de hipoteca

_____

27.900 €

Enrique debe tener en su cuenta 27.900 € para afrontar la operación.

2) Enrique quiere comprar una vivienda por 100.000 € en Madrid y el banco le da el 80 % del valor de tasación.

    La tasación del inmueble se fija en 120.000 €. 80 % de los 120.000 € → 96.000 €

    Enrique debe tener ahorrados en base a lo que le falta desde los 96.000 € hasta los 100.000 € más los gastos de notaría, registro, ITP, c. apertura...

Gastos:

- ITP. 6 % sobre los 100.000 € → 6.000 €
- Notaría. 600 € aproximadamente
- Registro. 300 € aproximadamente
- Gestoría. 600 € aproximadamente
- C. apertura. 0,5% sobre los 96.000 € → 480 €

    Total gastos → 7.980 €

Provisión de fondos: 100.000 € compra

\+ 7.980 € gastos

107.980 €

\- 96.000 € de hipoteca

11.980 €

Enrique debe tener en su cuenta 11.980 € para afrontar la operación.

Como comentamos al principio de este capítulo, en los años locos se concedía en muchas ocasiones el 100 % del precio de la vivienda e incluso el 100 % más los gastos y, rizando el rizo, un dinerito para la reforma, incluso un coche y te guardabas algo para un viajecito… Una auténtica locura y ahora os cuento parte de lo que ocurrió.

En EEUU se dieron cuenta del agujero que tenían en sus balances, empezaron a analizar operaciones y situaciones en las financiaciones otorgadas y vieron las barbaridades que habían cometido, se destapó la burbuja, a pesar que muchos querían seguir escondiendo el horror que se estaba produciendo. Se dieron cuenta de que las valoraciones otorgadas en las financiaciones estaban más que infladas, que cualquier imprevisto iba a producir una cadena de impagos y los bancos no iban a recuperar el dinero prestado, y las viviendas que se iban a quedar no valdrían aquello por lo que se había valorado. Y así fue lo que pasó, toda una caída en cadena, de arriba abajo, las empresas se quedaban sin poder financiarse, no podían continuar y cerraban, sus empleados se iban a la calle y no podían pagar sus compromisos financieros, se quedaban sin pagar las hipotecas y el banco se las quedaba…

Debido a esta situación el número de operaciones de compra/venta que se realizaban bajaron estrepitosamente, además de que los bancos cerraron el grifo de las financiaciones. Pasamos a encontrarnos con un escenario desolador, a igual oferta con menor demanda, bajada de precios… y bajada del valor de los inmuebles que el banco se quedaba… y el agujero cada vez haciéndose más gordo… Contado en unas líneas, esto es lo que se produjo.

Aunque muchos ya sabemos qué ocurrió, es importante siempre acordarse de ello para cuando vayamos a financiarnos, no nos olvidemos de mantener un margen de seguridad siempre mayor al que nos permite una entidad bancaria.

Nuestros deberes pasan por ir más allá, teniendo siempre en cuenta, un plan "A", "B" y "C", pudiendo ser ellos:

A) ¿Qué ocurriría si me quedara en paro? ¿Y si me quedo sin paro?

B) ¿Cómo saldría de ello si baja la vivienda un 20 % y necesito vender?

C) Si se me rompe el coche, necesito reformar mi vivienda para ampliarla o me reclama hacienda 20.000 €, ¿podría refinanciar/ampliar mi hipoteca?

Nunca sabemos qué nos puede ocurrir, hay 1.000 variables, muchas de ellas no las podemos controlar ni intuir, pero será más difícil salirte de la carretera si ese carril por donde circulas es más amplio.

En plena crisis, en el 2009, teniendo ya dos hipotecas (una de ellas bastante grande) y con dos hijos (Marcos y María), vi la oportunidad de comprarme mi casita en la playa y hubo mucha gente cercana que casi me insultaba: "estás tonto, ¡¡¡¡con dos hijos y dos hipotecas meterte en eso!!!!".

Lo que no sabían es que había sacado un boli y sobre el papel puse todas las situaciones más desfavorables que me podían ocurrir y al lado de ellas cada solución que podría aplicar. Por suerte, las malas previsiones que puse en papel no se me dieron, pero tenía mi plan A (alquilar), B (vender la propiedad que había comprado) y C (vender otra propiedad que tenía hipotecada).

Ahora voy a poner un ejemplo de una situación que puede suceder si nos financiamos a un 100 % del valor de compra.

- Sara, de 50 años, ha visto un piso en Sabadell que cuesta 100.000 € pero tiene unos ahorros solo de 13.000 €. Acaba de cambiarse de trabajo y va a ganar 2.000 € netos al mes (no tiene pagas extra) pero tiene una vida laboral de 25 años. Después de una tasación en 105.000 €, el banco debido a su edad le otorga una hipoteca a 20 años a tipo variable por 90.000 € cuya mensualidad es de 400 €.

    Sara consigue por otro lado un préstamo personal de 25.000 € (10.000 que le faltan de la hipoteca + otros 15.000 € para reformar y amueblar el piso además de notaría e impuestos) a 7 años cuya cuota es de 400 €.

El ratio de endeudamiento, como vimos al principio del capítulo, sería: 800 € (400 de hipoteca + 400 del préstamo) / 2.000 (nómina) * 100, estaría en un 40 % de ratio, un porcentaje más bien alto.

Después de dos años en la empresa la despiden y le dan de indemnización 4.500 €. Aparte, tiene dos años de paro por acumulación de trabajos con una mensualidad de 1.200 €. A los dos años, Sara debe todavía de préstamo personal 20.000 €.

Después de 6 meses buscando ese trabajo que le dé los 2.000 € que cobraba y no conseguirlo, poco a poco los ahorros que tenía de la indemnización más los 3.000 € que ya tenía en la cuenta, cada vez se van viendo más mermados y ve que no va a poder seguir haciendo frente a los 800 € mensuales.

Habla con el banco e intenta reunificar deudas, el banco realiza una tasación y el tasador que fue hace dos años le dice ahora que su vivienda vale solo 90.000 €. La economía ha caído, las compraventas se han parado y el valor de los inmuebles ha descendido aproximadamente un 20 %. Con esa tasación, no es posible refinanciarse, ya que debe todavía 85.000 € de hipoteca más 20.000 € de préstamo personal. Sara pensaba que con la reforma que había hecho su casa valdría 115.000 – 120.000, y con el 80 % de ello, llegaría a los 100.000 € y podría reunificar.

Después de ese intento, Sara sigue sin encontrar trabajo… y sus ahorros siguen cayendo… Decide que no quiere seguir arriesgando y pone en venta su vivienda. La pone a la venta en los 120.000 € que cree que cuesta el piso y pasa un mes… otro… y al tercero debido a que no hay visitas lo baja a 110.000 €. Sigue sin venderlo y cuando lo pone en 100.000 € le llega una oferta ya en el sexto mes por 80.000 €. Acepta la oferta y se queda con el préstamo, que debe 17.000 €, 5.000 € de deuda de hipoteca más los gastos de cancelación del banco más los registrales. En total → 6.000 €. Se ha quedado sin piso y además tiene una deuda de 22.000 €, que otra vez a 7 años es de 400 € al mes. Irse de alquiler le supone 600 €, que junto con los 400 € del préstamo, no puede pagar.

Si Sara hubiese comprado otro piso más pequeño por 60.000 €, financiándose solo al 80 %, en caso de no haber podido pagar la hipoteca, esa caída del 20 % de la vivienda, realmente no le habría afectado de la misma forma, ya que vendiendo el piso al menos no tendría deudas.

Por ello, mi consejo:

¡¡¡¡¡¡¡MANTÉN SIEMPRE TU MARGEN DE SEGURIDAD Y PREVÉ SOLUCIONES ANTE CIERTOS IMPREVISTOS!!!!!!!

NO SALGAS A LA CALLE TODAVÍA II

Fenomenal... Ya te queda menos para conseguir la mejor inversión, ya has hecho tus números y sabes hasta cuánto y cómo poder invertir, vas a poder ir a visitar/negociar con total tranquilidad porque cuando elijas esa vivienda, estás seguro de que lo vas a conseguir, a partir de ahora, no hay prisa en encontrar esa inversión, las prisas no son buenas y a la larga pueden pesar, ¡¡¡¡ojo!!!!, que estamos hablando de unos cuantos ceros.

¿Merece la pena esperar unas semanitas más en encontrar esa oportunidad, pudiéndote ahorrar 10.000, 20.000 o 30.000 €? Si paramos y pensamos, es obvia la respuesta, con lo cual, relaja, tómatelo con calma, que esa oportunidad va a llegar y te generará una rentabilidad incluso mayor de la esperada.

Llegado a este punto quiero reforzar dos cosas antes de seguir en materia:

1) Las prisas son malas

2) Dejarnos llevar por las emociones es un error

TIPOS DE INVERSIÓN

Dependiendo de nuestro tiempo, gustos o capacidad económica, quizás os veáis más cercanos a uno u otro tipo de inversión que os enumeraré a continuación.

Hay clientes que me llaman pidiéndome mediante consultorías mis recomendaciones en cómo invertir en el sector. Lo primero que les pido es que me expliquen sus números (ingresos, financiaciones, liquidez y saber un poco de ellos). En base a lo que me cuentan, les sugiero varias opciones. Cuando veo que tienen liquidez suficiente para comprar dos pisos, les aconsejo jugar con dos tipos de inversión, la mitad para comprar-vender rápido y la otra parte, para destinar esa compra posteriormente en un alquiler. Respecto al alquiler, les expongo los pros y contras de los distintos tipos. Pero siempre con mis lemas "el éxito está en la compra", "aprovecha todos los carriles", "las prisas salen caras".

Piso en Calamocha,1 que compré a 64.800 € y vendí a 79.000 € en solo un mes

Hace unos meses, mientras estaba escribiendo el libro, necesitaba comprar una televisión, y me di cuenta de la siguiente reflexión en contra de situaciones que día a día me encuentro en la calle. Fijaos, en ocasiones cuando queremos cambiar de televisor, nos sumergimos en el inagotable escaparate de internet para comparar características y precios, nos hacemos casi expertos en televisores, podemos llegar a estar varios días mirando y visitamos algunos centros comerciales para comparar los diferentes modelos, incluso empezamos a buscar un modelo o dos exactos por internet para encontrar la tienda que más barato lo vende, a veces por ahorrarnos 40 € ...

Si le dedicamos horas a internet y paseos a tiendas para un simple televisor no puede ser menos cuando se trata de una inversión inmobiliaria y entonces es cuando pido antes de salir a la calle dedicar un tiempo y realizar un mínimo estudio de mercado. Si no lo hacemos y salimos directamente a una tienda de televisores, donde las tienen con una imagen perfecta, grandes y con la atención de un buen comercial, quizás salgamos de allí con ella sin saber si era la mejor a ese precio/características. Eso ocurre cuando sin tener ni idea del mercado, entramos en un par de inmobiliarias, nos enseñan sus productos y nos convencen de que lo suyo es lo mejor del mercado y señalices.

Después de recordarte de nuevo ciertos aspectos, a continuación, explicaré dentro de la experiencia, los errores y éxitos propios y de mis amigos, los distintos tipos de inversión, y como no puede ser menos, los pros y contras de cada uno de ellos.

ALQUILER TRADICIONAL

El destino de este tipo de inversión es el de acumular un dinero pasivo todos los meses que ayuda a llegar a la libertad financiera. En muchos casos estos inversores aprovechan el apalancamiento (financiación) de las propias viviendas para alcanzar un mayor número de inmuebles bajo el mismo régimen.

Lo interesante de este tipo de alquiler respecto al alquiler por habitaciones, empresas, etc... es que el tiempo de dedicación es mucho menor, aunque también su rentabilidad.

Una vez que hemos escogido bien a nuestro inquilino y aquí apunto a mi recomendación de siempre con un seguro de impagos, la renta nos irá cayendo mes a mes.

Para este tipo de inversión hay que tener en cuenta que no debemos contar con el 100 % de las rentas. Hazte a la idea que una o varias mensualidades van a ir destinadas a gastos recurrentes o imprevistos, con lo cual, por mi experiencia personal, más vale tener una hucha con un dinero si no queremos de repente tener un problema.

Hay quienes cobran un alquiler de 600 € al mes y pagan una hipoteca de 500 €, y ya piensan que el alquiler les va a pagar la hipoteca y van al día, mes a mes... ¿Qué ocurre entonces ante una derrama de la comunidad?

Un piso es como un coche, necesita su mantenimiento y de vez en cuando surgen las averías, puede ser desde una nevera, lavadora, o bien, la caldera que hay que ponerla nueva o bien, que, a pesar de tener un seguro de impagos, el inquilino deja de pagarnos y nos podemos tirar un par de meses sin recibir el dinero de la compañía aseguradora. Por estas cuestiones, hay que tener mucho cuidado y tener un margen de seguridad amplio (dinero en caja), sobre todo para aquellos que se apalancan o que dependen exclusivamente de las rentas mensuales.

Tener parte de tu capital invertido en uno o varios inmuebles destinados al alquiler tradicional es una buena opción para diversificar riesgos, mientras que con el resto del dinero puedes jugar a otros tipos de inversión inmobiliaria.

Un error típico en este tipo de inversión, es cuando se piensa "lo alquilo durante unos años y luego lo vendo por mucho más dinero". Esto puede ser una equivocación, ya que no sabemos cuál será el precio de mercado de aquí a 5 años.

¿Habrá subido?, ¿habrá bajado? Antes de alquilarlo sabemos cuál es el precio de mercado, pero pasados x años, imposible saberlo, nadie lo sabe, y quien te diga lo contrario, o te miente o es muy atrevido. Como ejemplo, en muchos lugares el precio cayó a niveles de hace casi 15 años, y hoy en día solo han conseguido recuperar la mitad de estas pérdidas.

Otra desventaja en este tipo de alquiler, los años que la vivienda puede llegar a quedar paralizada debido a las leyes del alquiler tradicional, cuando te encuentras en la necesidad o simplemente quieres vender la vivienda, es más que probable que tengas que esperar los años que resten para la finalización del contrato, que pueden ser de hasta 5 años.

Después de tener un piso alquilado casi 18 años, considero los siguientes puntos a favor y en contra:

VENTAJAS:

1) Poca dedicación
2) Incremento de ingresos mensuales

DESVENTAJAS

1) Baja rentabilidad
2) Coste de mantenimiento e imprevistos
3) Riesgo de impagos
4) Posible bajada del valor de la vivienda en x años
5) Muchos años paralizado el capital

ALQUILER POR HABITACIONES

Hay muchos inversores, que todas sus viviendas o parte de ellas, las emplean con el alquiler por habitaciones en busca de la mayor rentabilidad, y desde luego, que haciendo las cosas bien, se pueden duplicar los ingresos respecto al alquiler tradicional pero en la mayoría de los casos, requiere una mayor dedicación, sobre todo cuando falta experiencia.

Al igual que en el caso del alquiler tradicional y posteriormente del alquiler para empresas, debemos dejar una hucha (margen de seguridad) ante todos los imprevistos que puedan surgir.

Si en el alquiler tradicional es muy importante escoger bien al inquilino, en el alquiler por habitaciones es mucho más importante de cara a la buena convivencia en la vivienda con los otros compañeros de piso.

En este tipo de alquiler, se produce por lo general mayor rotación del inquilino, y puede ocurrir que haya meses donde se quede una habitación libre, y por lo tanto sin ingresos.

No podemos hacer las cuentas de la lechera (tengo 3 habitaciones, las alquilo por 300 €, voy a sacar 900 € al mes, que por 12 meses son 10.800 €). Debido a la rotación puede ocasionar también mayor coste de mantenimiento de la vivienda.

Algo muy positivo que tiene este tipo de inversión es la posibilidad de venta del inmueble a un inversor que quiere buenos números en rentabilidad. Esta posibilidad se da también en el alquiler tradicional, pero el margen de rentabilidad es mucho más bajo y por tanto hace que no sea una inversión tan atractiva. Es evidente que, en el alquiler por habitaciones, sube algunos puntos.

También es cierto que como comentaba al principio las diferentes fórmulas de alquiler se ajustan más a un perfil de inversor que a otro y hay para todos los gustos. Hay inversores, por ejemplo, que prefieren menos dedicación, y por tanto se sienten más cómodos con el alquiler tradicional sin importarles que ese margen sea inferior.

Otros puntos muy interesantes respecto al alquiler tradicional son:

- Posibilidad de acceso a las zonas comunes de la vivienda, ya que alquilas en exclusiva las habitaciones.

- Realizar alquileres por meses o un año, con lo cual, tienes el control y la posibilidad de vender el piso si lo necesitas o deseas.

- En caso de impago, no es lo mismo que dejen de pagarte toda la renta a que sea una habitación, por lo que en este tipo de alquiler, se diversifica el riesgo.

Personalmente no he practicado el alquiler por habitaciones, he conocido inversores que sí lo hacen, y después de hablar con muchos, extraigo las siguientes ventajas y desventajas:

VENTAJAS:

1) Alta rentabilidad
2) Mayor control sobre la vivienda
3) Posible venta en rentabilidad
4) Diversificación del riesgo de impago

DESVENTAJAS

1) Más dedicación sobre la inversión
2) Mayor coste de mantenimiento e imprevistos
3) Posibles conflictos entre inquilinos
4) Posibles conflictos con la comunidad

ALQUILER PARA EMPRESAS

Esta opción dentro de nuestras inversiones es novedosa, poco común y considero que es muy interesante por las ventajas en la rentabilidad y seguridad que genera, aunque es cierto, que como en todas, existen algunas desventajas a tener en cuenta y que haré ver.

Es una opción que no he practicado nunca. Hubo un día que mi amiga Sara de Barcelona me habló de Inma Recio (*merci Sara*). Por aquella época estaba programando charlas formativas dentro del Meetup, y Sara me puso en contacto con ella. La verdad es que fue un descubrimiento, además de lo personal (guardo mucho cariño a Inma por su forma de ser), me abrió la mente en esta nueva forma de inversión. Por un lado, sus inmuebles los ofrecía dentro de una plataforma y captaba empresas que buscaban un alojamiento distinto al de un hotel, algo donde su trabajador se encontrase más cómodo, como en casa, ya que no es lo mismo estar alojado un par de días en un hotel que tener que vivir meses en él, como es el caso de muchas empresas con sus trabajadores. Por ello, y cómo no, por el menor coste que supone para la empresa, no cabe duda de que este tipo de alquiler es interesante para todas las partes.

Cierto es que las empresas en ocasiones solo demandan un par de meses, y aunque el precio del alquiler es superior al alquiler tradicional, puede que se nos quede en algún momento la vivienda vacía, pero también nos da juego para aprovecharla en ese tiempo para otros tipos de alquiler, como puede ser el vacacional.

Existen dos puntos fuertes a favor de este tipo de alquiler:

- La seguridad en el pago, es una de las mayores ventajas. La posibilidad de impago es prácticamente nula.

- El cuidado de la vivienda es otro punto a favor, ya que las personas que se alojan en la vivienda dan cuenta a su empresa y pueden hacer todavía un cuidado más responsable.

- Algunos trabajadores solo usan la vivienda para pernoctar e incluso algunos fines de semana la vivienda está vacía, porque se marchan a su domicilio, menor uso, menor desgaste y también menos consumo.

Considero por ello, que es otra opción interesante y a tenerla en cuenta.

VENTAJAS:

1) Mayor renta respecto al tradicional

2) Mayor control sobre la vivienda

3) Menor desgaste de la vivienda

4) Prácticamente nulo riesgo de impago

DESVENTAJAS

1) Temporalidad del alquiler

2) Menor demanda respecto a otros alquileres

ALQUILER CON OPCIÓN A COMPRA

Independientemente de cualquier opción, es importante ajustar al máximo el precio de mercado de una zona, para arañar ese 25 – 30 % de descuento respecto al mercado.

En todo este tiempo, hay gente que con los alquileres (también con el alquiler con opción a compra), tienen en cuenta solo los cálculos de rentabilidad que van a obtener y dejan atrás si el precio de compra es normal, bueno o excelente solo por el caramelo de la rentabilidad del alquiler.

Hay en la calle mucho vendehúmos sobre alquiler con opción a compra que cobran dinerales por cursos de cuatro bla, bla, bla, bla, bonitas palabras y provocan que los que salen de los cursos compren incluso con un 20 – 30 % por encima de mercado por esos números mal planteados y cuando cuando comprueban que no han tenido en cuenta otras variables más importantes incluso que el margen del propio negocio se encuentran con que la rentabilidad puede haber bajado incluso al 3 % o si venden pierden dinero.

En el alquiler con opción a compra se me viene a la cabeza un amigo y su hermana. El primero me comentó que iba a entrar en un alquiler con opción a compra y le comenté: "te acompaño y si veo que interesa si quieres podemos entrar juntos". La oferta que había realizado suponía un 10 % - 20 % por encima respecto al precio que se podía conseguir en el mercado, había que meterse en una reforma de 20.000 € para adecentarla y preparar su realquiler.

Yo no entré en la operación y él perdió parte de la señal que previamente a decírmelo había entregado. Afortunadamente no lo había cerrado del todo y pudo echarse atrás en la operación. Y es que el problema era que solo se fijaba en la rentabilidad mensual que podía obtener a partir de las 4 o 5 habitaciones que podía sacar del piso.

El caso de su hermana fue parecido, pero en este caso entró en la operación. Me comentó los números y se trataba de un piso de dos habitaciones, salón, cocina y baño, al que puso un tabique para habilitar una tercera habitación. Ella viviría en una habitación y alquilaría las otras dos a 300 €, con las que pagaría a la propietaria. Hasta ahí, bien, pero el precio de mercado de esa vivienda no era mayor a 70.000 €, y lo cerró por encima de los 100.000 €.

En el alquiler con opción a compra, es cierto que si conseguimos que se deduzca el 100 % de la cuota de alquiler mensual, aunque el precio que cerramos en el acuerdo está a valor de mercado o un 10 % superior para un contrato de 5 años... los números pueden llegar a ser interesantes. Hagamos un pequeño ejercicio para el caso de mi amiga:

600 € mensuales * 12 meses * 5 años → 36.000 €.

Si hubiese cerrado la operación entre los 70.000 y 90.000 €, es decir, por 80.000 €, después de los 5 años debería a la dueña: 80.000 − 36.000 → 44.000 €.

En el caso de que la vivienda hubiese bajado el precio de mercado un 30 % respecto a esos 70.000 € que hablamos antes, su precio pasado ese tiempo sería 49.000 €, es decir, todavía estaría comprando con 44.000 € por debajo del precio de mercado que son los 49.000 €.

Pero, como mi amiga firmó por encima de los 100.000 €, sus cuentas, pasados esos 5 años, podrían ser las siguientes:

100.000 – 36.000 → 64.000 €

Es decir, 5 años después, ella no pillaría la opción a compra, los 64.000 € que debe todavía, están por encima del precio de mercado.

Así que cuidado con esas maravillosas palabras que pronuncian muchos vendehúmos… Tu jugada puede salir mal y puedes perder dinero y tiempo (el tiempo también es dinero).

Evidentemente, si el precio de mercado de la vivienda sube, la operación puede ir bien, pero muchos de esos que proclaman el alquiler con opción a compra no vivieron la crisis y hoy en día, habiendo pasado ya 13 años de la explosión, hay muchas zonas que no han vuelto a esos precios precrisis, con lo cual… Mi consejo, como siempre, es tener un buen margen de seguridad. Después de esos 5 años, los charlatanes no estarán y tú tienes la papeleta.

En cuanto a documentación se trata, te recomiendo, antes de realizar un alquiler con compra, que os lo prepare un buen profesional del sector o bien un buen abogado, y que este documento se eleve a público ante notario y se inscriba en el registro. Esto último acarrea unos gastos, no excesivamente elevados, pero que puede ahorrarte más de un quebradero de cabeza a la larga y dormirás más tranquil@.

¿Por qué aconsejo esto?

Juan, propietario de la vivienda, llega a un acuerdo con Edurne para realizar un alquiler con opción a compra con las siguientes condiciones:

- Precio de venta 80.000 €
- Señal en el contrato 10.000 €
- Periodo de alquiler → 5 años
- Cuota de alquiler → 600 € al mes
- Descuento del 100 % de la renta del precio final

Realizan este contrato en la casa de Juan y ambos tan contentos... ¿Qué puede pasar?

Es posible que el contrato esté muy bien redactado, todo perfecto, todo atado pero Juan, que es un estafador y bastante pícaro, pasados unos meses ofrezca en venta la vivienda a un tercero por 60.000 € (una ganga de precio), y el comprador solicite una nota donde únicamente ve:

- Titularidad 100 % Juan Pérez Antón
- Libre de cargas

¿Qué puede estar pasando? Tan sencillo como vender un piso "ocupado" a un precio muy rebajado, algo por otro lado habitual. Evidentemente, cuando se enteren este tercero y Edurne de la estafa, sobre todo Edurne, vayan a juicio, con todo lo que esto implica (tiempo y dinero) pero el mal ya está hecho. Por el contrario, si cuando se hizo el contrato entre Edurne y Juan, se hubiera formalizado ante notario y realizando el apunte en el registro de la propiedad cuando este tercero compra el piso, hubiese visto:

- Titularidad 100 % a nombre de Juan
- En las cargas, el apunte de Edurne. No hubiera comprado, ni el banco concedido la hipoteca en caso de ser necesario

Paso a relacionar lo positivo y lo negativo de este negocio:

VENTAJAS:

1) Menor capital de inversión
2) Posibilidad de obtener en unos años más propiedades
3) Venta en rentabilidad
4) Descuento del 100 % del alquiler respecto al precio de venta

DESVENTAJAS

1) Precio fijado de compra igual o superior al precio de mercado

2) Dedicación al realquiler

3) Posible fluctuación del precio de mercado en contra

4) Posibles problemas legales

5) Beneficio a largo plazo

REFORMA Y VENTA

Son cada vez más inversores los que se están enfocando en esta opción de negocio inmobiliario… Compran una vivienda para reformar y en vez de venderla tal cual, reforman el baño, la cocina, suelos, hacen incluso otra habitación más ¡y a vender con un plus respecto al resto de viviendas! ¿Es interesante esta opción? ¿Es preferible reformar y vender, que vender directamente la vivienda para reformar? Bajo mi punto de vista, todo depende de si el inversor tiene su propia empresa de reformas, o bien, si la subcontrata, ahí está la diferencia y a mi forma de verlo el éxito o el posible fracaso, os cuento por qué.

Si hemos comprado una vivienda (siempre por debajo del precio de mercado, con ese margen de seguridad) por 80.000 €, cuando esa misma vivienda y en ese estado (a reformar), su precio de calle son 100.000 € y esa misma vivienda reformada, su precio de mercado son 120.000 €, podemos pensar, "la reformamos por unos 12.000 €, y le ganamos otros 8.000 € al venderla". Todos los que hemos hecho alguna vez una reforma, sabemos que el coste final de una reforma respecto al presupuesto inicial puede ser un 20 % más, ya que siempre, siempre, van surgiendo cosas o el reformista va añadiendo un poquito de allí, otro de aquí, etc., con lo cual, los números iniciales de esos 12.000 €, pueden llegar a 14.000 €, con lo cual, en principio ya no ganamos esos 8.000 € que teníamos en la cabeza al reformarlo, sino 6.000 €.

También sabemos el tiempo y dolores de cabeza que supone una obra, es decir, cuando nos dicen que tardan 20 días, al final son 30 en muchas ocasiones, con lo cual, entre que miramos presupuesto, arranca la obra, nos traen la cocina, todos los materiales y la terminamos puede que se nos haya ido mes y medio o dos meses tranquilamente…

En las inversiones, el tiempo es dinero, es decir, no es lo mismo ganar 15.000 € en 4 meses que 12.000 € en 2 meses… Si realizamos el cálculo de la rentabilidad anual de esa inversión a 2 o 4 meses, los números son bien distintos, además, que si al cabo de 2 meses ya tienes el capital inicial de la inversión más su beneficio ya puedes mover de nuevo el dinero, mientras que si te esperas los 4 o 5 meses, si en ese transcurso sale otra oportunidad de inversión, no podrás hacer frente a ella y la dejarás pasar. **"Es evidente, que cuanta más rotación tenga el capital, más rápido crecerá".**

Por otro lado, como comentaba al principio de este apartado, no es lo mismo tener un equipo de reformas propio, en tu empresa, que subcontratarla y en este aspecto bajo mi forma de verlo lo tengo claro, si no tienes tu propia empresa de reformas, no dedicaría mi tiempo, esfuerzo y RIESGO a reformar para vender. Añado a esto el riesgo… ¿Por qué?, muy sencillo, en el ejemplo que pusimos antes, donde esperábamos vender a 120.000 € reformando el piso ganándole esos 6.000 € u 8.000 € más puede ser que no hiciéramos bien los cálculos, ya que vemos lo maravilloso que va a quedar y nos dejaremos llevar por los sentimientos, ya que cuanta más implicación y emotividad le damos a una inversión, puede que menos pensemos con la cabeza y más con el corazón… Quizás lo que nos pueda pasar, es que con la reforma, finalmente no ganemos más, y ese piso lo vendamos en 115.000 €, es decir, hemos adelantado dinero, hemos empleado tiempo y dolores de cabeza para al final no ganar más.

Como siempre digo el éxito está en la compra y cada uno tenemos que emplear nuestras habilidades para conseguirlo, y como el dicho habla: "zapatero a sus zapatos".

Piso que compré en 60.000 € y vendí en 75.000 € en 4 meses

Ahora bien, a esos inversores que tienen su propio equipo de reformas esa obra que puede costarnos a nosotros 12.000 €, a ellos les cueste 8.000 €, con lo cual, su margen es mucho más amplio y manejan a su propio interés el tiempo, de forma que le sacarán más partido a esa inversión, uno por el propio negocio de la compraventa y otro por el menor coste y tiempo que a mercado le supone la reforma. Por lo tanto, en esta opción, mi opinión es que si no nos dedicamos a las reformas, vayamos a lo que sabemos hacer, comprar y vender, comparando nuestro inmueble con otro en el mismo estado y viendo de ahí el margen y posterior beneficio que vamos a obtener.

VENTAJAS:

1) Posibilidad de mayor beneficio

2) Rotación de la inversión

3) Posibilidad de acertar el precio de mercado

DESVENTAJAS

1) Riesgo económico en la obra

2) Tiempo y dedicación en la obra

3) Mayor inversión

VENTA DIRECTA

En el capítulo anterior, comentaba que el dinero crece más deprisa cuanto más rápido lo muevas, ya que estancado en un alquiler o en un tiempo prolongado en la venta su crecimiento es más lento.

En el 2001 compré mi primera vivienda en Madrid, y salvo un año que viví en ella la mantuve en alquiler hasta el verano del 2019. En todos esos años, mi piso que era un 4º sin ascensor de 55 m2 y 3 habitaciones, no lo tuve vacío ni un día.

Piso ubicado en la calle San Valentín, 16

Lo compré con una hipoteca de unos 14 millones de pesetas y el alquiler me fue pagando más-menos la hipoteca. Poco a poco iba realizando amortizaciones y en el año 2009 compré otra vivienda, esta vez en la costa y realicé una segunda hipoteca (unos 40.000 €) sobre la primera vivienda. Cuando decidí vender la primera vivienda, me quedaba entre ambas hipotecas unos 30.000 €. Vendí la vivienda en 125.000 €, y entre gastos de cancelación, impuestos, etc., me sobraron unos euros más mi vivienda en la costa libre de cargas.

Mirando estos números, podréis pensar que me salió muy bien el alquiler tradicional pero esos números los conseguí 18 años después, así que no fue una gran maravilla teniendo en cuenta lo siguiente.

Con el dinero que me sobró decidí arrancar en la compraventa de inmuebles, y en un año y medio, comprando y vendiendo tal cual, conseguí algo más que duplicar el capital. Primero lo hice con una operación de compraventa de apenas dos meses, luego compré dos viviendas (me faltaba algo de capital y recurrí a un préstamo personal), después de vender ambas propiedades, realicé otra vez la misma operación con otras dos viviendas, necesitando financiarme un poquito menos, y a la siguiente, me embarqué en la compra de tres viviendas, para volver a hacer lo mismo.

Cuando un día me paré a pensar en lo que había conseguido en 18 años, y lo que estaba consiguiendo en meses me di cuenta del error que cometí y es que moviendo el capital este crece muchísimo más.

Fui entrando en grupos de WhatsApp e incluso creé uno propio, por lo que comencé a conocer a muchos inversores que llevaban años únicamente con la visión del alquiler, y cuando les explicaba mis números se fueron sumando al carro de la compraventa directa, pasando del alquiler tradicional o por habitaciones. Los números estaban ahí. Había gente que argumentaba que lo que yo hacía suponía muchísimo tiempo, pero rápidamente les hacía ver que todo lo contrario...

¿Cuántas veces a lo largo de un año no nos hemos encontrado con la situación de una oportunidad, un chollo y nos hemos dicho: "por qué no puedo"?

Bien, hagamos números encontrándonos una única oportunidad al año y comparemos los resultados comprando sin financiación:

Compra de vivienda por 60.000 €. Precio real de mercado 83.000 €.

60.000 € de compra + 3.600 € impuestos + 600 € notaría y registro...

Total inversión → 64.200 €.

Precio venta aprox. 6 meses (pongo un tiempo largo de venta) → 80.000 €.

Gastos de esos 6 meses:

- Comunidad 50 € * 6 meses → 300 €
- Impuestos 200 €
- Alarma 30 € * 6 meses → 180
- Adecentar vivienda (vaciarla, pintura, enchufes, etc.) → 1.500 €

Total gastos → 2.180 €

Precio de venta – Total inversión → 80.000 – 64.200 → 15.800 €

Beneficio neto → 15.800 – 2.180 (gastos) → 13.620 € para el bolsillo con una sola operación.

Ahora hagamos los cálculos si hubiésemos hecho un alquiler tradicional.

- Alquiler 600 € * 12 mensualidades → 7.200 €
- Comunidad 50 € * 12 meses → 600 €
- Impuestos 200 €

Beneficio bruto antes de impuestos → 7.200 – 600 – 200 → 6.400 €

Fijaros que no he tenido en cuenta ni los posibles arreglos/mantenimientos, ni amueblarlo, nada, y aun así, los números cantan por sí solos:

Venta directa → 10.460 € al año

Alquiler → 5.120 € al año.

Si conseguimos realizar dos operaciones al año de compraventa directa, con esos números nos iríamos a los siguientes resultados:

Venta directa → 13.620 € al año

Alquiler → 6.400 € al año

Darnos con un par de situaciones así al año es solo cuestión de paciencia, no tener prisa y esperar el momento adecuado, con una serie de técnicas que más adelante os contaré.

VENTAJAS:
1) Mayor rentabilidad anual
2) Rotación continua de la inversión
3) Nula fluctuación del precio de mercado

DESVENTAJAS
1) Búsqueda continua de la oportunidad
2) Mayor inversión

VENTA ANTES DE ESCRITURAR (DAR EL PASE)

En el 2005/6, fui a visitar un inmueble que estaba a la venta en el barrio de San Blas (Madrid) y conocí a un pirata que superaba los 60 años. Este hombre localizaba viviendas vacías de propietarios que vivían ya fuera del barrio (por lo general gente mayor) y realizaba este tipo de operaciones. Pagaba a los propietarios una suculenta cantidad de arras de compraventa de la vivienda a un precio por debajo de mercado con un par de cláusulas:

- La compra de la vivienda se podría escriturar a su nombre o bien a un tercero que él designaba.
- Un plazo de tiempo desde el arras de 3 a 6 meses hasta la compraventa.
- Se quedaba con las llaves de la vivienda.

Después de que me enseñara un par de pisos, fue cogiendo confianza conmigo y me iba explicando cómo lo hacía. Si le vieseis por la calle, jamás pensaríais lo inteligente que era, vestía de una forma que casi parecía un vagabundo... Lo cierto es que me enseñó varios trucos en las negociaciones. En aquella época, topé con otra persona muy parecida a él, un hombre mayor, aparentemente indefenso, que me intentó estafar con varias viviendas que intermediaba. Esto me enseñó a nunca fiarme de las apariencias y mantener siempre mucha cautela, estaba tratando con inmuebles y donde hay dinero hay personas con pocos escrúpulos que pueden meterte en un buen problema. Hace unos meses, en la venta de un inmueble de mi propiedad en la calle Juan Portas (Madrid), me llegó una anciana, muy anciana, interesada en comprar mi vivienda, y como no me fiaba mucho de sus palabras, de una forma sutil, le hice ver que la vivienda tenía alarma y le hice ver lo bien que me llevaba con los vecinos... Vi que sus intenciones no iban por buen camino, mientras se hacía pasar por una viejecita... En efecto, al poco tiempo me llamaron de la Guardia Civil comentándome que era una estafadora y revendia/ocupaba viviendas.

Volviendo a este apartado tan interesante, en ocasiones, ha habido gente que me ha comentado su intención de realizar este tipo de operaciones. En algunos casos gente sin experiencia y con ganas de ganar mucho dinero de una forma rápida y con poca inversión. Cuando les he expuesto los peligros que tiene esta opción se han echado atrás, ya que es muy complicado conseguirlo, es como una partida de ajedrez, donde tienes que tener en cuenta muchas variables si no quieres que te coman la reina y te quedes incluso sin el dinero del arras o como poco, comido por servido, os explico por qué.

Para ganar esta partida, estos son los puntos a tener en cuenta:

1) Lo primero y más importante es que la vivienda esté vacía, de esta forma podrás enseñar tu vivienda a los futuros compradores.

2) Ofrecer al propietario un arras en torno a un 20 %, donde poder hacer fuerza para que a cambio te deje las llaves. Una de las excusas que puedes poner es que será para enseñar la vivienda a tus socios, y ver quién se la queda finalmente.

3) En el arras, contemplar la cláusula de la posibilidad de que el comprador podrá ceder el derecho de compra a un tercero, no pudiendo el vendedor oponerse a ello.

Es muy importante que una vez lo hayamos conseguido, cuando ofrezcamos la vivienda a un tercero hay que solicitar de arras la misma cantidad que hemos entregado al propietario, y os cuento por qué.

Raquel está vendiendo un piso por 80.000 € en Lloret del Mar (Gerona) y Edurne, que quiere realizar una de las suyas, firma un arras como compradora de 20.000 €. A continuación, después de hacerse con las llaves, decide ofrecerlo por 100.000 €. Edurne encuentra un comprador para ese piso que se llama Enrique. ¿Cuánto le pide de arras Edurne a Enrique? Enrique tiene que pagar en estos momentos:

- 60.000 € a Raquel

- 40.000 a Edurne

A Edurne se le ocurre: "le pido 40.000 € a Enrique y 'hasta luego Lucas' y me voy a celebrarlo". Bien, le ha entregado 40.000 €, y de repente Enrique, que es muy astuto, localiza a Raquel y se enteran del juego que ha realizado Edurne. Mientras se toman un café en una terraza piensan: "Raquel devuelve el doble de la señal a Edurne (40.000 €), y como Edurne no puede cumplir con Enrique, tiene que devolverle el doble (80.000 €)". Edurne tiene un problema gordo, ha perdido 20.000 € ... Pero no es necesario que se hayan puesto de acuerdo Raquel y Enrique. Si el propietario fallece, surge un problema en la vivienda (una ocupación por ejemplo), Edurne estaría contra las cuerdas y jaque mate a la operación.

Esto no le hubiera sucedido si Edurne hubiera solicitado al nuevo comprador, el mismo arras que ella había entregado. De esa forma, al menos ante un problema, saldría empate.

Cuando le he planteado esta situación a alguna persona que está arrancando en el sector y quería hacer esta operativa, se ha dado cuenta del peligro.

Yo diría a Edurne que esos 20.000 € de beneficio los cobre el día de antes de notaría o unas horas antes con un contrato/documento aparte del arras.

No es una operación sencilla, pero evidentemente, sabiendo mover muy bien las piezas, puede ser muy interesante, ya que nos ahorramos los impuestos en la compra (notaría, registro e impuestos), además de los gastos inherentes de la vivienda en los meses que tardemos en vender la vivienda, pero si no vemos clara la operación, o vemos el más mínimo peligro, es preferible ganar 10.000 € que intentar ganar 20.000 €, no ganar nada e incluso, perder el dinero entregado (cierto es, que no es lo mismo invertir 20.000 € en un arras que 80.000 € en la compra, pero cuidadín...).

Recientemente me salieron dos oportunidades de hacerlo, viviendas vacías y buena relación con los propietarios pero puse en la balanza opción 1 y opción 2 y desistí... Pagué impuestos y aunque gané menos, dormí más tranquilo.

VENTAJAS:

1) Ahorro de impuestos en la compra

2) Operación rápida y grandes beneficios

3) Menor cantidad de inversión

DESVENTAJAS

1) Operación complicada

2) Riesgo en el juego final

RENT TO RENT

Respecto a este tipo de negocio, al igual que mencionaba antes, hay que contar con un margen de seguridad importante, ya que puede sufrir grandes dolores de cabeza por un beneficio de 100 € al mes, cuando ha invertido en el piso quizás 3.000 o 6.000 € para adecuarlo.

En el negocio del RENT to RENT, la gente en ocasiones se hace grandes expectativas en cuanto a los ingresos que pueden obtener de un alquiler por habitaciones, es decir, piensan: "me quedo en alquiler con una vivienda de 600 €, con 3 habitaciones y las alquilo por 300 € cada una llevándome al bolsillo 300 € al mes. ¡¡¡¡¡¡Si hago esto con 10 pisos, estoy ganándome 3.000 € al mes sin hacer nada!!!!!!". Visto así, pensamos que es una gran idea, que es tal como la plantean aquellos vendehúmos que pretenden hacernos creer que están forrados con este negocio. Pues bien, no están forrados haciendo esto, algunos lo único que hacen es vender sus cursos. Y aunque posiblemente lo hayan hecho alguna vez, no digo que no, sus ingresos reales vienen más bien de otras cosas.

En las cuentas del RENT to RENT (como en cualquier negocio) hay que analizar la inversión, siempre partiendo desde un punto de vista muy conservador y si no vemos clara la operación o sospechamos el más mínimo peligro como que:

1) No puedas alquilar las habitaciones a 300 € siendo su precio real un alquiler de 250 €.

2) Haz números anuales, contando con que haya 3 meses donde una habitación la tengas vacía.

3) Con esos números... mira si te compensa estar de intermediario entre tus 3 inquilinos y el propietario real.

Hagamos los números anuales de esa operación: INGRESOS → 250 * 3 * 12 (meses) → 9.000 €

Restemos 1 habitación x 3 meses que puede quedarse vacía. 250 * 3 → 750 €

9.000 – 750 → 8.250 €

GASTOS → 600 (alquiler) * 12 → 7.200 €

Nos quedan al año... 8.250 – 7.200 → 1.050 €.

Si hacemos el análisis mensual estamos hablando de 1.050 / 12 → 87 € al mes de beneficio.

Con estos números (sin contar la adecuación del piso), vemos que no sería muy rentable que digamos si vamos a unos números conservadores, aunque cierto es que contamos con un margen de seguridad y aun poniendo malos números, todavía no estamos perdiendo.

VENTAJAS:

    1) Pequeña inversión

    2) A largo plazo, excelentes ingresos mensuales

DESVENTAJAS:

    1) Mucho tiempo de dedicación

    2) 24 * 7 atento al teléfono. Posibles incidencias por el gran número de inquilinos

ANÁLISIS DE MERCADO

Hace 25 años era todo mucho más difícil, no contábamos con las herramientas que nos permiten sin salir de casa realizar parte del trabajo.

Antes teníamos que salir a la calle y buscar carteles, preguntar a los vecinos y asomarnos a las inmobiliarias. No teníamos unos buscadores tan potentes donde poder realizar filtros, poner alertas de pisos nuevos que nos llegarán a nuestros correos, ver un histórico de precios, enlaces directos al catastro, una valoración rápida de un inmueble, buscador por mapa, consultar la ITE desde el móvil, etc… Los que hace 25 años ya éramos propietarios o nos dedicábamos a esto, si echamos la vista atrás a los avances que hemos vivido, nos damos cuenta de que hoy es algo maravilloso y nos es muy fácil y rápido dar con el precio de mercado.

A pesar de todo esto, hay muchas cosas que antes se hacían que no podemos olvidar, ya que a día de hoy… siguen funcionando, y no os podéis imaginar hasta qué punto. Hay gente que piensa que solo con internet ya tiene todo a su alcance y no necesita más. ¡¡¡¡Error!!!!

Solo pensemos en las inmobiliarias, cómo encuentran esas oportunidades que luego sacan al mercado… ¿Son propietarios que se acercan a la inmobiliaria a ofrecer su piso sin más?

Detrás de todo eso hay un trabajo que en otros momentos os explicaré.

Volviendo al análisis de mercado y antes de ir a visitar una vivienda debemos fijarnos un objetivo con independencia del fin de esa vivienda, y no es otro que después de ver el precio de mercado de una zona, conseguir ese 20 % de descuento.

Si después de realizar nuestros números vemos que podemos optar por un piso por 100.000 € entonces a buscar hasta 130.000 €.

Vamos a ponernos el siguiente ejercicio para averiguarlo:

- Buscadores (Idealista, Fotocasa, Milanuncios, etc.)
- Web de bancos (Haya, Servihabitat, Solvia, Aliseda, etc.)

Para buscar ese precio de mercado, seleccionaremos una zona y tendremos que tener en cuenta varios aspectos:

- Nº habitaciones
- Ascensor
- Últimas, plantas bajas o intermedias
- Estado de las viviendas

Es evidente que no podemos comparar precios de viviendas con 2 habitaciones con el de viviendas con 4, ni comparar viviendas con o sin ascensor, al igual que comparar viviendas para reformar con viviendas completamente reformadas... A la hora de ver un precio de mercado, debemos ir cerrando y ajustando estos valores.

Al poner máximo 130.000 € en nuestra zona elegida, nos saldrá una serie de viviendas que deberemos ordenar por precio. Si como resultado de esa búsqueda vemos un número elevado de viviendas, por ejemplo, más de 50, vamos a realizar otro filtro. En este caso eliminaremos los estudios, y filtraremos viviendas con 2 o más habitaciones, y puede que de ese resultado ya solo salgan 10 - 15 viviendas. En este punto ya estaremos afinando el precio de mercado. Ahora bien, si solo hemos descartado con ese filtro 10 viviendas, y seguimos teniendo cerca de 50 deberemos seguir filtrando. Para esta vez por ejemplo podemos jugar con los metros cuadrados (es otro filtro en todas las webs).

Con este otro filtro, ya es posible que nos salgan 30 - 35 viviendas, y ahí ya es más fácil hacerse una idea... y empezamos a mirar el listado de viviendas ordenándolas por precio. De los primeros resultados que os saldrán, las primeras 5 viviendas, es posible que tengan incidencias, o sean ganchos de inmobiliarias que todavía no han retirado de las webs y están buscando lo típico: "ese piso está reservado, pero tengo, bla, bla, bla y ¿qué estás buscando?", seguramente os haya pasado más de una vez.

A partir de la quinta vivienda es donde empezará la verdad, y es posiblemente en ese punto donde estaréis más cerca del precio de mercado. Evidentemente tenemos que empezar a ver si son últimas plantas, si están reformadas y tienen o no ascensor.

Una vez que hayamos hecho este ejercicio un par de veces no tardaremos más de 10 minutos en volverlo a hacer y refrescar las cosas que van saliendo nuevas, e incluso, en la mayoría de las webs, nos permitirá marcar alertas para inmuebles nuevos que salgan o bien bajadas de precios de algunos de ellos....

Este ejercicio que podemos hacer en las 4 o 5 webs más importantes cada dos/tres días, nos ayudará a que, en unas semanas, tengamos bien claro el precio de mercado de varias tipologías de viviendas:

- Viviendas hasta dos habitaciones sin ascensor
- Viviendas hasta dos habitaciones con ascensor
- Viviendas hasta tres habitaciones sin ascensor
- Viviendas hasta tres habitaciones con ascensor
- Viviendas que son un 4º sin ascensor
- Viviendas que son un bajo
- Estas mismas tipologías, estando reformadas o para reformar

Con varios juegos de filtros en pocas semanas tendremos controladas varias zonas que ajustan a nuestro precio objetivo.

Una vez que tengamos esto, ya estamos preparados. Ya podemos salir a la calle a ver pisos sin miedo. Por muy bonito que nos lo presente el propietario o la inmobiliaria es más difícil que nos la cuelen y estoy seguro que esas semanas, mirando y analizando, te habrán servido para disfrutar cuando salgas a invertir, verás cómo habrá merecido la pena. Ya estás preparado, listo ¡y a buscar esa inversión!

DEJA ATRÁS LOS SENTIMIENTOS

No nos tenemos que olvidar que estamos ante una inversión y por ello he querido dedicar unas líneas a este asunto.

En el sector inmobiliario, hay muchos aspectos que coinciden cuando es una compra para vivir que cuando es para invertir. En las inversiones nuestros sentimientos deben ir dirigidos a los números que nos van a hacer ganar. Distinto es cuando compramos esa vivienda para vivir, ubicada donde más nos gusta y con las características obviamente hasta donde nuestras posibilidades nos permitan en cada momento.

En todo este tiempo, me he encontrado con inversores que comentan "es que el piso es muy feo", "está destrozado", "un cuarto sin ascensor no lo quiere nadie", "aquí no viviría", "los bajos no me gustan", "ese barrio no me gusta", "no sé cómo puede vivir la gente aquí". A mi modo de ver, creo que esas apreciaciones son un grave error.

Todo producto tiene un valor, y como mil veces he repetido, el éxito está en la compra. Cuando vayas por la calle, me gustaría que te fijases en esto que te comento: "NO HAY VIVIENDA QUE NADIE QUIERA, QUE ESTÉ VACÍA PORQUE NADIE LA QUIERA COMPRAR, TODAS TIENEN UN DUEÑO, ALGUIEN QUE VIVE EN ELLA (de alquiler o en propiedad) Y POR TANTO... TIENE UN PRECIO". Este precio podrá ser mayor o menor, pero siempre hay gente, personas, viviendo en ellas.

Quinto sin ascensor de la calle Antonio Durán Tovar 5, con el que conseguí una operación de compraventa con éxito en mes y medio

Ya comenté en alguna ocasión, que mi primera vivienda fue un cuarto sin ascensor de 50/60 m2 de 3 habitaciones. Sí, fue un cuarto sin ascensor, no fue porque me encantara subir escaleras, simplemente era lo que me podía comprar y mis vecinos de planta, ¡me imagino que igual!

Mi madre, por ejemplo, cuando llegó a Madrid compró un piso que era un quinto sin ascensor, en la calle Ángel de la Guarda, en el distrito de Canillejas (Madrid), y con varios niños pequeños.

Por ello, olvídate que sea una vivienda que os guste más o menos, que se ajuste a lo que a ti te gustaría, fíjate en su precio respecto al mercado, y las posibilidades que os pueden hacer ganar.

Si nos dejamos llevar por los sentimientos o los gustos de cada uno, puede provocar que compréis con la vista y no con la cabeza, es más, el propietario o inmobiliaria, os intentará meter eso en la cabeza: "mira qué bonito", "esta zona es muy buena", "a mí me encanta esto, aquello" … Abstráete de eso y pon tu calculadora en la cabeza y haz números. Lo que quiero transmitir es que mires las inversiones como son, <u>simplemente números</u>.

Bajo sin luz con el que hice una compraventa con éxito

AHORA SALIMOS A LA CALLE

En este punto, ya hemos mirado nuestros números y tenemos claro el precio de mercado, con lo cual, tenemos seguridad en nosotros mismos y sabremos cuándo decir NO y cuándo decir "me interesa, pero al precio de x euros". Además de la seguridad que tendremos, a partir de ahora, iremos mucho más rápido, ya que cuando nos oferten un piso, nos llamen por teléfono, rápidamente lo descartaremos o sabremos si hay posibilidades e iremos rápidamente a verlo. Además, lo haremos con tal seguridad que podremos decir aquello de "te doy 3.000 € ahora mismo con una transferencia si se queda el piso en xxx". Antes de este punto, no estábamos seguros y como decía al principio, no teníamos fuerza para realizar esa oferta por la propia tensión de nuestras inseguridades. Ahora, estaremos saliendo a la calle con alegría e ilusión.

Nos asomaremos a las inmobiliarias, y rápidamente sabremos si vemos algo interesante o simplemente tienen humo. A la vez que estando por la calle, incluso veremos los típicos anuncios en farolas, donde observaremos los precios y características, todo esto nos ayudará a afianzar nuestros estudios realizados en las últimas semanas. Habiendo dejado atrás los sentimientos, tardaremos poco en saber si es lo que estamos buscando o por muy bien que nos lo quieran vender, no nos la van a colar. También ayudaremos a ese comercial a decirle, "si te sale un piso en este precio o con estas características en este otro, llámame, vengo y lo reservo".

Al final, cuanta más gente sepa qué estás buscando, y sobre todo los comerciales te vean seguro, más confianza tendrán ellos en verte como un cliente potencial. Saben que vas a comprar, y tienen el trabajo de buscarte ese producto, porque si lo encuentran, lo tienen vendido contigo.

Cuando yo trabajaba como intermediario, dependiendo de cómo viera al cliente, o no le volvía a llamar o lo tenía en los primeros de la lista para avisarle, sabía que si tenía lo que buscaba tendría el éxito garantizado.

Podemos realizar un símil cuando entramos en un comercio sin saber muy bien lo que queremos, si el dependiente detecta eso, lo más probable es que te diga "si necesitas que te ayude me avisas". Sin embargo, si te ve definido, con claridad, seguirá contigo hasta que digas que te vas o hayas comprado.

Si entráis en un concesionario el comercial posiblemente os diga: "¿para cuándo queréis comprar?". Si decís: "no tenemos prisa, acabamos de empezar a mirar", posiblemente os despache rápido.

Eso me pasaba como intermediario, una de las cosas que preguntaba era "¿lleváis mucho tiempo buscando?", si su respuesta era "es el primer piso que vemos" o "hemos empezado esta semana a ir mirando" pensaba para mí "vale, hasta luego", muy difícil de vender. Aunque a veces se rompe esta regla, y recuerdo a un cliente de Arganda del Rey, que me comentó que era el primer piso que visitaba y estuvo a punto de comprarlo (le generé mucha confianza), y finalmente señalizó el segundo piso que vio, que fue conmigo en la calle Virgen del Rosario, segundo sin ascensor, 75 m2, de tres habitaciones. Pero os puedo decir que no es lo normal y es uno de los pocos casos que me he encontrado. De esta operación hace ya dos años, y casualmente me escribió hace un par de días por una amiga que iba a vender su piso, por si quería llevar su operación, con lo cual, muy descontento no quedó.

El sector inmobiliario es algo que me apasiona, y a la hora de invertir, siguiendo unas pautas, no solo os hará ganar dinero, sino que disfrutaréis de cada momento, pero para disfrutar (no solo ganar) no deben haber presiones, miedos e inseguridades, cosas que intento paliar con mis experiencias, vivencias y pequeños consejos que espero que os ayuden, como fueron los pasos a realizar antes de salir a la calle.

APROVECHA TODOS LOS CARRILES

¿Cuántas veces hemos ido de viaje y vemos que circulamos todos por el carril izquierdo dejando los otros carriles vacíos?

En las inversiones, hay quienes tienen prejuicios a algunos carriles, pensando que por el que van es el mejor, no es mi forma de verlo.

¿Es mejor un piso de banco, de un particular o de una inmobiliaria?

¿Buscamos por internet las viviendas?, ¿solo en los escaparates de las inmobiliarias? ¿Esperamos al cotilleo de un vecino que sepa que se vende un piso? ¿Nos fijamos solo en los carteles de la calle?

Elegir una única opción, es un error.

Continuamente me encuentro gente que me comenta estas cosas:

- Las viviendas que aparecen en internet están quemadas y no hay oportunidades

- Las inmobiliarias cobran mucho dinero

- Los mejores precios son los de particulares

- Hay que buscar las gangas de los bancos o realmente las ofertas buenas de los bancos se las quedan entre ellos

Si nos quedamos con todas esas sugerencias, estamos apañados... Yo he comprado a través de todos esos carriles, y cuando me preguntan cuál es la mejor opción, les digo siempre de forma rotunda: "aprovecha todos los carriles, no te centres solo en uno, y te los explico uno a uno".

- **Viviendas anunciadas en internet.** Es cierto que cuando un inmueble sale a la venta en internet, somos muchas las personas que nos saltan las alertas, pero hay muchos que no tienen claras sus cuentas, otros no tienen bien estudiado el precio de mercado y, por último, hay quienes actúan tarde. Hay que ser rápido y gracias a que hemos trabajado los puntos que he explicado tenemos muy clara nuestra posición e iremos directamente a cerrarlo después de la visita. Estamos adelantando por la derecha a aquellos que no han seguido los consejos que he descrito en el libro y cuando se quieren dar cuenta, ya es nuestro.

También ocurre, que a veces sale un piso a la venta en 100.000 €, cuando sabemos que el precio de mercado está sobre los 90.000 €, evidentemente, si no vamos a verlo, si no llamamos, no sabemos la situación o el pensamiento del propietario, nos podemos encontrar con que puso ese precio un poco al azar y con una oferta en firme, puede aceptar 75.000 €, ¿por qué no?, si no lo visitamos, si no llamamos... no lo sabremos nunca. No obstante, en la primera llamada que realicemos, con un par de preguntas nos pueden dar una pista, preguntas al final de la conversación como, "bien, puede interesarme el piso, estoy buscando por esa zona..., pero ¿en qué precio se quedaría el piso?". Es distinta la pregunta de "cuánto pide usted" a "en qué precio se quedaría el piso". Después de esa pregunta, vamos a ver cuál es la reacción del propietario, si es muy tajante o bien titubea y nos ofrece presentar una oferta. Eso nos va a dar una pista muy buena sobre cuánto se puede negociar. Poner el oído muy fino y analizar su respuesta. Lo más seguro que él solito se va a bajar el precio. Quizás ya se haya quitado un 10 % de lo que pide de una tajada, y como en toda negociación, hacer hablar mucho a la otra parte. La pregunta que sugiero va a provocar que el propietario o inmobiliaria se ponga a hablar y defenderse, y como ya he dicho... por la boca muere el pez y nos dará muchas pistas mientras estamos atentos y callados.

Otras preguntas que podemos realizar son "¿el piso es suyo?, ¿viven ustedes allí?". Con estas preguntas, sabremos si es una herencia, si es piso de la familia, y podemos detectar incluso si la persona que tiene el anuncio es una parte de la familia que le han dejado la papeleta de vender el piso y dirá en cuánto se puede quedar, al fin y al cabo esta tarea no deja de ser una carga para él.

Conclusión, si no llamamos, no sabremos si es interesante. Yo he comprado y gestionado viviendas que aparentemente no eran interesantes, y finalmente fueron auténticas gangas.

- **Inmobiliarias.** En este sector, hay muchos que dicen que no quieren trabajar con inmobiliarias porque cobran mucho, y ante eso siempre les digo: "prefiero pagar a la inmobiliaria Pepe 6.000 € por un piso que me encuentra de 70.000 €, que el de un particular que me pide 85.000 €", ¡¡¡¡creo que está claro!!!!

Algunas inmobiliarias tienen comerciales que desde las 10 de la mañana están en la calle captando casa por casa nuevos inmuebles, están trabajando en busca de oportunidades, cosa que podemos hacer nosotros, pero en la mayoría de las ocasiones no tenemos tiempo o nos faltan conocimientos.

Cuando yo trabajaba de intermediario, solo trabajaba inmuebles que estaban a precio de mercado. Cuando un propietario quería que moviera su inmueble, y me lo ofrecía por encima, le decía: "no lo voy a vender, con lo cual ni voy a perder el tiempo ni le voy a crear falsas esperanzas de venta, o ponemos un precio real o si lo prefiere, cuando cambie de opinión me avisa". La mayoría de las inmobiliarias, o las realmente profesionales, hacen esto, con lo cual, la mayoría de los productos que tienen al menos están rondando el precio de mercado, y en ocasiones se dan con auténticas oportunidades. Cuanta más gente del sector conozcas, más gente sepa lo que buscas y quieres, mayor éxito tendrás.

Es muy bueno que todas las inmobiliarias de la zona sepan que estás buscando un piso y que sepan qué tipo de cliente eres, un comprador con las ideas claras y con ganas de invertir. Explícale que vas con los deberes hechos, que ya solo estás buscando ese inmueble interesante, para dar la señal e ir a notaría, gánate a esos comerciales, hazles ver que esta sería una de varias relaciones, puesto que no buscas un piso para vivir, sino para invertir (alquiler, reforma-venta, etc.), y que las sinergias después de esa compra, continuarán. ¡¡¡¡¡Aprovecha este carril!!!!, ¡¡¡¡¡no te cierres!!!!!

- **Particulares.** Si hacemos una encuesta, respecto a los pisos de particulares, esta sería una de las opciones que más votos tendría, pero cerrarnos a ella es un error. Me he encontrado con muchos particulares, cerrados al 100 % en su precio y muy por encima de mercado, en ocasiones creen que tienen la joya de la corona, debido muchas veces por los sentimientos que tienen hacia esa vivienda, "es donde han nacido sus hijos", "es la casa donde han nacido incluso ellos" y la ven con muy buenos ojos. Piensan que por tenerla amueblada con miles de euros que les costó, ya vale más que las demás. Te muestran mil maravillas que tú, habiendo visto otros inmuebles, no valoras. Hay ocasiones en que no es así, que son propietarios que no están puestos en el precio de mercado y puedes sacar un precio muy interesante, pero incluso me ha ocurrido que el piso está por una inmobiliaria, y antes de visitarlo con ellos, casualmente localizas al propietario y este te pide más dinero que la inmobiliaria, algo sin sentido... ¡Intenta aprovecharse de ti! Lo bueno es que tú sabes cuál es su margen, y haciéndote el despistado, sabes por dónde atacarle. Es decir, si la inmobiliaria pide 90.000 €, puedes calcular 6.000 € menos de honorarios y luego un 5 % que de partida seguro que baja.

La inmobiliaria en ocasiones tiene comerciales, mucho más piratas que nosotros, y posiblemente hayan ajustado/negociado mejor el precio de lo que somos capaces nosotros, con lo cual, no nos cerremos en comprar pisos directamente con propietarios. Es otra opción, pero no tiene por qué ser la mejor, es otro carril, pero quizás no sea el más rápido.

- **Bancos.** Para quienes tienen en la cabeza que en los pisos de bancos están las mejores gangas o que los productos buenos se los quedan ellos, a ellos, les digo "ni SÍ, ni NO... ni todo lo contrario". Yo me he encontrado de todo. Desde pisos de bancos cuyos precios estaban muy por encima del precio de mercado, incluso siendo pisos ocupados. Los juicios y prejuicios son muy malos, hay que tener las cosas claras y los precios de mercado bien definidos, y estos no son más que otro carril donde en ocasiones se circula mejor y en otras nos encontramos con atascos y dependiendo de lo que nos encontremos, seguiremos por ese carril o pivotaremos a otro. Yo ni los recomiendo ni los descarto, es otra opción y siempre es bueno tener buena relación con los tenedores de estos productos, que nos vean con las ideas claras, seguros de nosotros mismos y con opciones de no ser una operación aislada, sino que pueda generar una continuidad.

Cuando hemos conseguido esa relación con el agente que mueve esas carteras, podremos pedirle ayuda en cuanto a la oferta que se puede presentar y que nos cuente la situación actual de esa entidad que vende sus activos, para que nos guíe hacia qué oferta poder presentar para arañar lo máximo el precio de compra, y por tanto nuestro margen de seguridad en la inversión, pero SIEMPRE, SIEMPRE mirando a derecha e izquierda los otros carriles para pivotar y decantarnos por la mejor opción. No hay prisa, y tenemos que estar seguros y sentirnos bien en esa inversión. En ocasiones, me he encontrado con inversores que me hacían encargos de compra, a los que he ofrecido una oportunidad y he visto que dudaban, podría haberles insistido en que compraran, pero he preferido decirles "si no lo ves seguro y te genera dudas, es que no es el piso que buscas, olvídate de él, y te presentaré otra opción".

Tranquil@.

Espero que este capítulo te haya ayudado para quitarte los prejuicios que nos generamos en ocasiones, aproveches todos los carriles, todas las opciones y no te cierres a una sola de ellas.

INSEGURIDAD-PRESIÓN = ERROR EN LA INVERSIÓN

Como decía en capítulos anteriores, es muy importante en las decisiones contar con seguridad y en estas inversiones, con los pasos previos que enumeraba te ayudarán a salir a la calle con menos miedos.

Evidentemente, en nuestras primeras inversiones nos encontraremos nerviosos, es normal, pero haciendo las cosas bien, paso a paso, iremos cobrando más confianza en lo que vemos, y cada vez estaremos más preparados en las visitas, hasta nos lo pasaremos bien.

Desde que empecé a ayudar a inversores, hoy muchos de ellos que mostraban su inseguridad, miedos, preocupaciones, hoy me dicen lo bien incluso que se lo pasan, y eso es debido a la pérdida de la inseguridad.

Incluso aquellos que se quieren dedicar al sector, veo sus avances y cómo disfrutan en la calle. Unas horas antes de escribir este capítulo, hablé con una amiga y me dijo que había salido a la calle a buscar unos inmuebles por una zona de Barcelona que tenía pendiente y me dijo "estoy feliz, he encontrado 4 casas".

Amigos que hace 6 meses no habían invertido nunca, hoy llevan varias inversiones y me dicen lo que disfrutan, ¿por qué?, por la seguridad que les genera cada una de ellas, al haber seguido los pasos que siempre enumero.

En mis encargos de compras, en ocasiones les veo con muchas dudas cuando les presento oportunidades, y siempre les digo "si no estás seguro, otro piso saldrá, pisos hay muchos y también oportunidades".

Al principio cuando se me escapaba alguna oportunidad, me disgustaba mucho... Hoy pienso "no he perdido dinero, sino que he dejado de ganar". En ocasiones me cuesta encontrar ese producto que he prometido a un inversor y hace poco sentía presión por ello, paré y me di cuenta de que la presión es un error y con ella lo que puede provocar son errores en las inversiones y de cara a un inversor, es algo que no me puedo permitir, la gente confía en mí, y prefiero decirles que no les he encontrado todavía esa inversión, a que exista la más mínima posibilidad de error.

Cuando estéis buscando una inversión, tener en cuenta que las prisas son malas, y si no nos lo tomamos con calma, pueden llegar los nervios, la presión, generar inseguridad y terminar cometiendo un error.

Por lo tanto, siempre cabeza fría, sin prisas y, disfrutando del sector, ¡encontrarás esa oportunidad!

CIERRE DE LA OPERACIÓN

Este punto es evidentemente el que más nos preocupa en muchas ocasiones, ya que es el momento donde estamos soltando nuestra plata, nuestros ahorros y es donde en ocasiones se cometen algunos errores que más adelante nos pueden costar alguna sorpresa.

Voy a indicar varios puntos a tener en cuenta para que los tengáis presentes:

- **Comunidad, derramas actuales y futuras.** Además de la información que nos traslade el propietario-inmobiliaria, es importante hablar con el presidente de la comunidad y/o algún vecino, para que nos informe de las deficiencias de la finca o los problemas que suelen tener. Es posible que, en el momento de la compra de la vivienda, no existan derramas, pero a los 6 meses de comprar la vivienda, se celebre una junta para arreglar el tejado o la fachada... Seguro que cuando compraste el piso, ya tenían en mente esa situación, ya que las cuentas de la comunidad estaban temblando.

- **Inspección Técnica de Edificios.** En cada población y comunidad autónoma rigen ciertas normas donde es posible que esté establecido pasar la inspección obligatoria, y al igual que sucede en los coches, sea necesario ciertos arreglos, algunos con menos importancia y otros de gran esfuerzo para los propietarios.

- **Nota simple de la vivienda.** Antes de firmar el arras, por mucho que nos diga la inmobiliaria o el propietario cuesta muy poco solicitarla, hoy en día incluso por internet en unas horas la tenemos. Pueden salir sorpresas:

    o Titularidad. Evidentemente, no cuesta nada solicitar en el momento de la firma, el NIF del vendedor.

    o Metros cuadrados útiles, quizás en nuestro caso no haya problema porque compramos sin financiación o la tengamos controlada, pero a la larga, cuando vendamos, ojo, pueden ser determinantes 5 m2 a la hora de que no salga la tasación de tu futuro comprador.

    o Vivienda de protección oficial. Si es así, es posible que el ente competente deba emitir una autorización de venta, y el precio en el que se compre no supere los tramos definidos por la norma.

- Vivienda escriturada como local. Aunque exista autorización y el local esté adaptado 100 % como vivienda, es posible que los bancos no concedan el mismo porcentaje de financiación. Quizás a nosotros no nos afecte, pero sí a nuestro comprador dentro de x tiempo. Hay que tener cuidado con el cambio de las normativas mientras poseas este tipo de inmuebles como vivienda. Lo que hoy es blanco, ojo que mañana se puede convertir en negro.

- Carga/pago aplazado. En ocasiones, nos podemos encontrar con una carga antigua o algún pago aplazado (como se denominaban antiguamente las letras). Realizar la compraventa con estas anotaciones, a pesar de que te digan "eso está caducado, no te preocupes", ten cuidado, habla con tu notaría en caso de duda y que vea si se podrá quitar cuando se asiente la compra en el registro. De lo contrario, debes obligar al propietario a que subsane ese error, ya que, de lo contrario, te puede tocar a ti más adelante. En mi primera vivienda me la jugaron entre el banco y el propietario, "eso está caducado, no te preocupes"... Cuando vendí la vivienda, 18 años después, el banco que concedía la hipoteca a mi comprador, me obligó a quitarla.

- **Contrato de arras.** Si es mediante una inmobiliaria, ellos sacarán su modelo, pero no por ello no se puede modificar todo lo que sea necesario ajustándolo lo máximo posible a nuestras necesidades o preferencias. Si es arras penitenciales, donde nos tengan que devolver el doble de las cantidades en caso de incumplimiento. En cuestión de plazos, mejor que sobre que no que falte, nunca sabemos si ese banco que nos dijo que en 3 semanas concedía la hipoteca tarde finalmente 5… Evidentemente que quede claro que se entregará libre de toda carga, inquilinos, etc…, así como especificar qué gastos corresponden al comprador y al vendedor. Ante dudas, asesorarse bien con alguien de confianza y mucha experiencia. Más vale firmarlo unas horas después que firmar con futuros problemas.

- **Financiación y tasación.** En la financiación, solicitar por escrito la oferta vinculante de la operación, y todas las cuestiones por escrito que algún "gol" me han metido, ¡cómo no! Aunque estemos hablando porcentajes pequeños cuando lo multiplicas por una inversión de xxx ceros se puede convertir en un coste a considerar. Respecto a la tasación, os diría que la toméis con tranquilidad… Si hemos hecho nuestros ejercicios, habremos comprado con un margen de seguridad importante, y en ese caso, en el 99 % de las ocasiones, será mayor al precio de compra.

- **Notaría.** Parece que es el paso más sencillo, donde vamos, firmamos lo que nos dice el notario, sin a veces entender lo que se nos dice el día de la firma. En ocasiones algunos leen dos líneas de la escritura y a firmarla sin entrar siquiera a preguntar los aspectos que se nos escapan. Pues te voy a decir algo, no dudes en preguntar al notario si hay algo que no está claro, si hay algo que no lo pronuncia, dilo, no tengas miedo ni vergüenza. En la compra de mi vivienda de la playa, me pudo haber salido el asunto caro de narices... El oficial me presentó minutos antes de la firma, el borrador de la escritura que iba a firmar, y estaba todo de cine, perfecto... Cuando ya había llegado la parte vendedora que era una entidad bancaria, entramos ambas partes a una sala de la notaría, posteriormente llegó el notario y se limitó a decir, usted compra, usted vende por 45.000 €, enhorabuena y *ciao bambinos*... Cuando horas después me mandaron copia de la escritura, me quedé blanco como la cal... Lo que me había dado a leer se parecía como un huevo a una castaña respecto a lo que yo firmé. El notario había puesto que no se había demostrado que la persona que fue como vendedor, apoderado del banco, tenía ese poder, y que nos advertía a las partes de que era posible que no tuviese validez la firma... ¡¡¡¡¡Pero mi cheque ya lo había dado!!!!!! Yo siempre firmo desde entonces en la misma notaría a ser posible, donde sé de la profesionalidad y me da confianza.

- **Impuestos y registro de la propiedad.** En caso de solicitar financiación el banco se encarga, por su seguridad, de dejar inscrito en el registro de la propiedad el préstamo hipotecario sobre la vivienda. Si vas sin financiación, te aconsejo que igualmente lo hagas, son trámites bien sencillos, rápidos, donde nos podemos ahorrar un dinero de gestoría.

- **Seguridad.** Si el fin es vender la vivienda, no la tendría un día sola sin un sistema de seguridad que os dé confianza. Además, a mí personalmente, me gusta presentarme a los vecinos, ganarme su confianza y darles mi número personal por si detectan algo raro.

- **Suministros.** Es evidente que cuando compramos una vivienda, lo que queremos es que los suministros, si ya lo estaban, sigan estando en vigor y hacerles ver a los propietarios que no los den de baja. Por lo general, esto no sucede, pero ya me he encontrado en algunas ocasiones donde el propietario los ha dado de baja por el miedo a que se les quedasen deudas. Esto nos puede ocasionar ciertos costes/gastos que no los teníamos calculados. No está de más recordar al propietario que después de la firma, tramitaremos el cambio de titularidad.

Como veis, algunos puntos los encontraréis muy obvios, pero debido a más de un susto en mis compras e intermediaciones he creído conveniente enumerarlos, pensando en mis experiencias, y de esta forma, ahorrar algún posible susto en las operaciones. Espero y deseo que os ayuden en vuestras inversiones.

Printed by Amazon Italia Logistica S.r.l.
Torrazza Piemonte (TO), Italy